Mon père tel que je me souviens de lui

Mamie Dickens

Writat

Cette édition parue en 2024

ISBN : 9789359948539

Publié par
Writat
email : info@writat.com

Contenu

CHAPITRE I.

Voir « Gad's Hill » comme un enfant. — Son côté domestique et son amour du foyer. — Son amour des enfants. — Sa propreté et sa ponctualité. — À table et en tant qu'hôte. — L'original de « Little Nell ».

Si, dans ces pages écrites en souvenir de mon père, je devais vous dire, mes chers amis, rien de nouveau sur lui, je puis au moins vous promettre que ce que je dirai le sera fidèlement, ne serait-ce que simplement, et peut-être là. il se peut que certaines choses ne vous soient pas familières.

Un grand nombre d'écrivains ont pris sur eux d'écrire la vie de mon père, de raconter des anecdotes sur lui et d'imprimer toutes sortes de choses sur lui. De tous ces livres publiés, je n'en ai lu qu'un, la seule véritable « Vie » écrite jusqu'à présent sur lui, celle approuvée par mon père lui-même, à savoir : « La Vie de Charles Dickens », de John Forster.

Mais dans ce que j'écrirai sur mon père, je dépendrai principalement de mon propre souvenir de lui, car je ne souhaite aucun autre souvenir, ni plus cher. Mon amour pour mon père n'a jamais été touché ni approché par aucun autre amour. Je le porte dans mon cœur comme un homme à part de tous les autres hommes, comme un homme à part de tous les autres êtres.

De l'enfance de mon père, il est tout à fait naturel que je ne sache guère plus que ce que possède le grand public. Mais je ne me souviens jamais l'avoir entendu faire allusion à aucun moment ni en aucune circonstance à ces jours malheureux de sa vie, sauf dans le seul cas de son amour et de son admiration enfantines pour « Gad's Hill », qui était destiné à devenir si étroitement associé à son nom et œuvres.

Il avait un attachement très fort et fidèle aux lieux : Chatham, je pense, étant son premier amour à cet égard. Car c'est ici, quand il était enfant, et un pauvre petit garçon très malade, qu'il trouva dans une vieille chambre d'amis une réserve de livres, parmi lesquels se trouvaient « Roderick Random », « Peregrine Pickle », « Humphrey Clinker », « Tom Jones », « Le Vicaire de Wakefield », « Don Quichotte », « Gil Blas », « Robinson Crusoé », « Les Mille et Une Nuits » et d'autres volumes. «Ils étaient», comme l'a écrit M. Forster, «une foule d'amis alors qu'il n'avait pas un seul ami». Et c'est alors qu'il vivait à Chatham qu'il vit pour la première fois « Gad's Hill ».

En tant que « petit garçon très bizarre », il avait l'habitude de se rendre à pied jusqu'à la maison – elle se trouvait au sommet d'une haute colline – pendant les vacances, ou quand son cœur lui faisait mal pour une « bonne gâterie ». Il se levait et la regardait, car lorsqu'il était petit, il avait un goût et une admiration merveilleux pour cette maison, et elle ne ressemblait à aucune autre maison qu'il ait jamais vue. Il se promenait devant elle avec son père, la regardant avec plaisir, et celui-ci lui disait que peut-être s'il travaillait dur, était industrieux et devenait un homme bon, il pourrait un jour vivre. dans cette même maison. Son amour pour cet endroit a traversé toute sa vie et l'a accompagné jusqu'à sa mort. Il prend « M. Pickwick" et ses amis de Rochester à Cobham par la magnifique route secondaire, et je me souviens qu'un jour où nous conduisions par là, il m'a montré l'endroit exact où "M. Pickwick » a crié : « Whoa, j'ai laissé tomber mon fouet ! Après son mariage, il emmena sa femme en lune de miel dans un village appelé Chalk, entre Gravesend et Rochester.

Bien des années après, alors qu'il vivait avec sa famille dans une villa près de Lausanne, il écrivit à un ami : « Les bois verts et les tons verts d'ici ressemblent plus à Cobham, dans le Kent, qu'à tout ce dont nous rêvons au pied de la rivière. Cols alpins. Et encore une fois, des années plus tard, l'une de ses promenades préférées depuis « Gad's Hill » était vers un village appelé Shorne, où se trouvaient une vieille église pittoresque et un cimetière. Il disait souvent qu'il aimerait y être enterré, le calme et la tranquillité de ce petit lieu chaleureux ayant pour lui une tendre fascination. Nous voyons donc que son cœur a toujours été dans le Kent.

Mais que cette seule référence à ses premières années suffise, pour que je puisse écrire sur lui pendant ces années où je me souviens de lui parmi nous et autour de nous dans notre maison.

Depuis sa plus tendre enfance, tout au long de sa première vie conjugale jusqu'au jour de sa mort, sa nature aimait le foyer. Il était un « homme au foyer » à tous égards. Lorsqu'il fut célébré très jeune, comme nous le savons, toutes ses joies et ses peines furent ramenées à la maison ; et il y trouva la sympathie et la compagnie de ses « propres amis familiers ». Dans ses lettres à ces derniers, dans ses lettres à ma mère, à ma tante et, plus tard, à nous ses enfants, il n'a jamais oublié rien de ce qu'il savait pouvoir intéresser son travail, ses succès, ses espoirs ou ses craintes. . Et il y avait une douce simplicité dans sa conviction qu'une telle nouvelle serait très certainement acceptable pour tous, c'est merveilleusement touchant et enfantin venant d'un homme de génie.

Son attention et sa prévenance envers les affaires familiales, rien n'étant jugé trop petit ou insignifiant pour réclamer son attention et sa considération, étaient vraiment merveilleux quand on se souvient de son cerveau actif, impatient, agité et travaillant. Aucun homme n'était aussi enclin à tirer naturellement son bonheur des affaires intérieures. Il était plein du genre d'intérêt pour une maison qui est habituellement réservée aux femmes, et ses soins envers nous, nos petits enfants, « dépassaient très certainement l'amour des femmes ! C'était une nature tendre et très affectueuse.

Pendant plusieurs étés consécutifs, nous étions emmenés à Broadstairs. Ce petit endroit est devenu un grand favori de mon père. Il y était toujours très heureux et aimait se promener dans le jardin de sa maison, généralement accompagné de l'un ou l'autre de ses enfants. Plus tard, à Boulogne, il aurait souvent son plus jeune garçon, « Le Noble Plorn », trottant à ses côtés. Ces deux-là étaient alors des compagnons constants, et après ces promenades, mon père avait toujours une anecdote amusante à nous raconter. Et quand, des années plus tard, le moment est venu pour le garçon de son cœur de partir dans le monde, mon père, après l'avoir accompagné, a écrit : « Le pauvre Plorn est parti en Australie. Ce fut finalement une séparation difficile. Il semblait redevenir mon plus jeune et mon petit enfant préféré à mesure que le jour approchait, et je ne pensais pas avoir pu être si secoué. Ce sont des choses très difficiles, mais elles pourraient devoir être accomplies sans moyens ni influence, et elles seraient alors bien plus difficiles. Que Dieu le bénisse!"

Lorsque mon père arrangeait et répétait ses lectures de « Dombey », la mort du « petit Paul » lui causait une telle angoisse, la lecture lui étant si difficile, qu'il nous disait qu'il ne pouvait maîtriser son intense émotion qu'en gardant le tableau. de Plorn, enfin, fort et chaleureux, solidement devant ses yeux. Nous pouvons voir par les différents personnages enfantins de ses livres quelle merveilleuse connaissance il avait des enfants et quelle sympathie merveilleuse et véritablement féminine il avait avec eux dans toutes leurs joies et leurs chagrins enfantins. Je me souviens avec nous, ses propres enfants, à quel point il a toujours été gentil, prévenant et patient. Mais nous n'avons jamais eu peur de nous adresser à lui en cas de problème, et nous n'avons jamais eu de reproche de sa part ni de paroles croisées, quelles que soient les circonstances. Il était toujours heureux de nous donner des « friandises », comme il les appelait, et il concevait toutes sortes de ces « friandises » pour nous, et si une faveur devait être demandée, nous étions toujours sûrs d'une réponse favorable. À ces occasions, ma sœur « Katie » était généralement notre messagère, nous autres attendant devant la porte du bureau pour entendre le verdict. Elle et moi avions l'habitude de déguster de délicieuses friandises lors de ces soirées d'été, conduisant jusqu'à Hampstead en calèche découverte avec lui, notre mère et « Tante » [15] et partant pour une longue promenade à travers les belles routes de campagne, cueillant des fruits sauvages. des roses et d'autres fleurs, ou marcher main dans la main avec lui en écoutant une histoire.

Il n'a jamais existé, je crois, de créature au monde plus propre et plus méthodique que ne l'était mon père. Il était bien rangé à tous points de vue : dans son esprit, dans sa personne belle et gracieuse, dans son travail, dans l'entretien des tiroirs de sa table à écrire, dans sa grande correspondance, en fait toute sa vie.

Je me souviens que ma sœur et moi occupions une petite chambre mansardée à Devonshire Terrace, tout en haut de la maison. Il avait pris le plus grand soin et le plus grand soin pour rendre la chambre aussi jolie et confortable que possible pour ses deux petites filles. Il était souvent traîné dans l'escalier raide menant à cette pièce pour voir une nouvelle gravure ou un nouvel ornement que nous, les enfants, avions mis en place, et il nous faisait toujours des paroles d'éloge et d'approbation. Il nous a encouragés de toutes les manières possibles à nous rendre utiles, à orner et à embellir nos chambres de nos propres mains, et à être toujours bien rangés et soignés. Je me souviens que la décoration de cette mansarde était résolument primitive, les gravures non encadrées étant fixées au mur par de simples épingles noires ou blanches, selon celles que nous pouvions nous procurer. Mais qu'à cela ne tienne, s'ils étaient rangés proprement et proprement, ils étaient toujours « excellents », ou « assez giflés », comme il avait l'habitude de dire. Même à cette époque, il se faisait un devoir de visiter chaque pièce de la maison une fois par matin, et si une chaise n'était pas à sa place, ou un store pas tout à fait droit, ou une miette laissée par terre, malheur au contrevenant. .

Et puis sa ponctualité ! C'était presque effrayant pour un esprit non ponctuel ! C'était encore une autre phase de son extrême propreté ; c'était aussi le résultat de sa prévenance excessive et de sa considération envers les autres. Sa sympathie également pour toutes les douleurs et souffrances le rendait très précieux dans une chambre de malade. Rapide, actif, sensé, brillant et joyeux, et sympathique dans une certaine mesure, il se saisirait immédiatement de « l'affaire », savait exactement quoi faire et le faisait. Dans tous nos maux d'enfance, ses visites étaient attendues avec impatience ; et nos petits cœurs battaient un peu plus vite, et nos douleurs devenaient plus supportables, lorsque le bruit de ses pas rapides se faisait entendre et que les accents encourageants de sa voix saluaient le malade. Je me souviens maintenant, comme si c'était hier, à quel point le contact de sa main - il avait un contact des plus sympathiques - était presque trop parfois, l'aide et l'espoir qu'il contenait me remplissaient le cœur jusqu'à déborder. Il croyait fermement au pouvoir du mesmérisme, comme remède à certaines formes de maladies, et était lui-même un mesmériste de tout premier ordre ; Je connais de nombreux cas, le mien parmi eux, dans lesquels il a utilisé son pouvoir de cette manière avec un parfait succès.

Et si occupé qu'il fût, et même dans ses heures de détente, il était toujours, si vous pouvez me comprendre, toujours occupé ; il renoncerait à tout son temps et ne s'épargnerait aucune fatigue s'il pouvait d'une manière ou d'une autre soulager la maladie et la douleur.

Dans de très nombreux livres de mon père, on trouve des références fréquentes à des repas délicieux, à des dîners merveilleux et à des plats encore plus merveilleux, à des bols de punch fumants, etc., ce qui a amené beaucoup à croire qu'il était un homme très friand de table. Et pourtant, je pense qu'aucun homme plus sobre n'a jamais vécu.

À l'époque de « Gad's Hill », lorsque la maison était pleine de visiteurs, il avait une idée particulière de toujours placer le menu du dîner du jour sur le buffet à l'heure du déjeuner. Et puis il discutait de chaque sujet avec sa manière fantaisiste et humoristique avec ses invités, dans le genre : « Cock-a-leekie ? Bon, décidément bon ; des soles frites avec une sauce aux crevettes ? Encore une fois ; des croquettes de poulet ? Faible, très faible ; il manque vraiment d'imagination ici », et ainsi de suite, et il était apparemment tellement préoccupé par les avantages et les inconvénients d'un menu qu'on pourrait imaginer qu'il ne vivait que pour le dîner à venir. Il avait un appétit petit mais sain, mais était remarquablement sobre tant en matière de nourriture que de boisson.

Il était charmant en tant qu'hôte, prenant soin individuellement de chaque invité et mettant en valeur les qualités particulières de chacun, mettant les plus timides à son aise, tirant le meilleur parti des plus banals et ne se mettant jamais en avant.

Mais quand il était le plus charmant, il était seul avec nous à la maison et s'asseyait autour du dessert, et quand ma sœur était avec nous surtout - je parle maintenant de nos jours d'adulte - car elle avait un grand pouvoir pour « l'attirer ». Dans de tels moments, même s'il pouvait s'asseoir pour dîner d'humeur grave ou distraite, il mettait invariablement de côté son silence et finissait par nous enchanter tous avec son discours aimable et ses fantaisies surannées sur les gens et les choses. Il a toujours été, comme je l'ai dit, très intéressé par le mesmérisme et par la curieuse influence exercée par une personnalité sur une autre. Une illustration dont je me souviens qu'il avait utilisé était que, rencontrant quelqu'un dans les rues animées de Londres, il était sur le point de faire demi-tour pour aborder le prétendu ami, lorsqu'il découvrit son erreur à temps, il repartit jusqu'à ce qu'il rencontre réellement le véritable ami, dont l'ombre, pour ainsi dire, tout à l'heure avait croisé son chemin.

Et puis l'oubli d'un mot ou d'un nom. "Maintenant, dans quel casier de mon cerveau cela est-il allé, et pourquoi est-ce que je m'en souviens soudainement maintenant ?" Et tandis que ces pensées lui traversaient l'esprit et étaient exprimées dans un rêve, elles apparaissaient également sur son visage. Encore un instant, peut-être, et ses yeux seraient pleins de gaieté et de rire.

Au début de sa carrière littéraire, il éprouva une grande tristesse lors de la mort – une mort très soudaine – de la sœur de ma mère, Mary Hogarth. Elle était d'un caractère des plus charmants et aimables, en plus d'être personnellement très belle. Peu de temps après le mariage de mes parents, tante Mary était constamment avec eux. Au fur et à mesure que sa nature se développait, elle est devenue l'idéal de mon père quant à ce que devrait être une jeune fille. Et ses propres paroles montrent combien cette grande affection et l'influence du souvenir aimé de la jeune fille l'ont accompagné jusqu'à la fin de sa vie. Le choc de sa mort subite l'a tellement affecté et abattu que la publication de «Pickwick» a été interrompue pendant deux mois.

« Je regarde en arrière, écrit-il, et avec un plaisir sans mélange, chaque maillon que chaque semaine suivante a ajouté à la chaîne de notre attachement. Cela sera difficile, je l'espère, avant que autre chose que la mort n'altère la solidité d'un lien maintenant si fermement lié. Ce beau passage que vous avez eu la gentillesse et la prévenance de m'envoyer m'a procuré le seul sentiment semblable au plaisir, un plaisir douloureux, que j'ai encore eu en rapport avec la perte de mon cher jeune ami et compagnon, pour qui mon amour et l'attachement ne diminuera jamais, et à côté de qui, s'il plaît à Dieu de me laisser en possession du sens pour signifier mes souhaits, mes os seront un jour déposés à chaque fois et partout où je mourrai.

Elle a été enterrée au cimetière de Kensal Green et sa tombe porte l'inscription suivante, écrite par mon père :

« Jeune, belle et bonne, Dieu dans sa miséricorde l'a comptée parmi ses anges dès l'âge de dix-sept ans. »

Un an après sa mort, écrivant à ma mère du Yorkshire, il dit : « N'est-il pas extraordinaire que les mêmes rêves qui me visitent constamment depuis la mort de la pauvre Mary me suivent partout ? Après tous les dépaysements et les fatigues, j'ai rêvé d'elle depuis que j'ai quitté la maison, et j'en rêverai sans doute jusqu'à mon retour. J'aurais envie de croire, parfois, que son esprit puisse avoir une certaine influence sur eux, mais leur répétition perpétuelle est extraordinaire.

Au fil des années, des changements sont survenus dans notre maison, des changements inévitables. Mais aucun changement ne pourrait jamais altérer la nature familiale de mon père. Comme il l'écrivait à M. Forster, lorsqu'il était jeune homme, il en fut de même jusqu'au moment de sa mort : « Nous nous reverrons bientôt, s'il vous plaît à Dieu, et serons plus heureux que jamais nous ne l'avons été de toute notre vie. Oh! à la maison, à la maison, à la maison !!!

CHAPITRE II.

Acheter des cadeaux de Noël.—Dans la danse.—Le plus joyeux de tous.—
En tant que prestidigitateur.—Noël à « Gad's Hill ».—Nos dîners de Noël.—
Une gambade du Nouvel An.—Nouvel An sur le Green.—Douzième Fêtes
nocturnes.

Noël a toujours été une période que nous attendions avec impatience et
plaisir dans notre foyer, et pour mon père, c'était une période plus chère que
toute autre partie de l'année, je pense. Il aimait Noël pour sa signification
profonde ainsi que pour ses joies, et il le démontre dans chaque allusion dans
ses écrits à la grande fête, un jour qui, selon lui, devait être parfumé de
l'amour que nous devons porter les uns aux autres, et de l'amour et le respect
de son Sauveur et Maître. Même dans ses plus joyeuses idées de Noël, il y a
toujours des touches subtiles et tendres qui feront venir les larmes aux yeux
et feront que même les irréfléchis auront une vénération particulière pour cet
anniversaire des plus bénis.

Dans notre enfance, mon père nous emmenait, tous les vingt-quatre
décembre, dans un magasin de jouets à Holborn, où nous pouvions
sélectionner nos cadeaux de Noël, ainsi que ceux que nous souhaitions offrir
à nos petits compagnons. Bien que je crois que nous restions souvent une
heure ou plus dans le magasin avant que nos différents goûts soient satisfaits,
il ne montrait jamais la moindre impatience, était toujours intéressé et aussi
désireux que nous que nous choisissions exactement ce que nous préférions.
À mesure que nous grandissions, les cadeaux se limitaient à nos différents
anniversaires et cette visite annuelle au magasin de jouets Holborn cessa.

Quand nous étions bébés, mon père a décidé que nous devions apprendre à danser, c'est pourquoi dès l'époque de Gênes, nous avons reçu nos premières leçons. « Notre aîné et ses sœurs doivent être accueillis la semaine prochaine par un professeur du noble art de la danse », écrivait-il alors à un ami. Et encore, en écrivant à ma mère, il dit : « J'espère que les cours de danse seront un succès. Ne manquez pas de me le faire savoir.

Nos progrès dans l'art gracieux le ravissaient, et son admiration pour nos succès se manifestait lorsque nous lui montrions, à mesure que nous y étions perfectionnés, tous les pas, exercices et danses qui formaient nos leçons. Il nous encourageait toujours dans notre danse et louait notre grâce et notre habileté, bien que critiqué assez sévèrement dans certains endroits pour avoir permis à ses enfants de consacrer autant de temps et d'énergie à l'entraînement de leurs pieds.

Lorsque « les garçons » rentraient à la maison pour les vacances, il y avait des répétitions constantes pour les fêtes de Noël et du Nouvel An ; et plus particulièrement pour le bal de la Douzième Nuit, l'anniversaire de l'anniversaire de mon frère Charlie. Juste avant l'une de ces célébrations, mon père a insisté pour que ma sœur Katie et moi apprenions le pas de polka à M. Leech et à lui-même. Mon père tenait autant à apprendre à franchir correctement cette étape merveilleuse que s'il n'y avait rien de plus important au monde. Souvent, il pratiquait gravement dans un coin, sans partenaire ni musique, et je me souviens d'une froide nuit d'hiver de son réveil avec la peur d'avoir oublié le pas si fort sur lui que, sautant du lit, à cause du peu d'éclairage du lampe de poche à l'ancienne, et au son de son propre sifflement, il répéta diligemment son « un, deux, trois, un, deux, trois » jusqu'à ce qu'il soit à nouveau sûr de ses connaissances.

Personne ne peut imaginer notre excitation et notre nervosité lorsque arriva le soir où nous devions danser avec nos élèves. Katie, qui était une très petite fille, devait avoir M. Leech, qui mesurait plus de six pieds, pour partenaire, tandis que mon père devait être le mien. Mon cœur battait si vite que je pouvais à peine respirer, j'avais tellement peur pour le succès de notre exposition. Mais mes craintes étaient sans fondement, et nous fûmes accueillis à la fin de notre danse par de chaleureux applaudissements, ce qui était plus qu'une compensation pour le travail qui avait été consacré à son apprentissage.

Mon père n'était certainement pas ce qu'on appellerait dans le sens ordinaire du terme « un bon danseur ». Je doute qu'il ait jamais reçu une instruction dans « le noble art » autre que celle que ma sœur et moi lui avons donnée. Plus tard, je me souviens avoir essayé de lui apprendre la Schottische, une danse qu'il admirait particulièrement et qu'il désirait apprendre. Mais bien qu'il aimait tant danser, sauf lors des réunions de famille chez lui ou chez ses amis les plus intimes, je ne me souviens jamais de l'avoir vu lui-même y participer, et je doute que, même jeune homme, il soit jamais allé à des bals. . Gracieuse dans ses mouvements, sa danse, telle qu'elle était, lui était naturelle. La musique de danse enchantait son esprit joyeux et génial ; le rythme et les pas d'une danse convenaient à son caractère ordonné, si je puis ainsi parler. L'action et l'exercice semblaient faire partie de sa vitalité abondante.

Tandis que j'écris sur le penchant de mon père pour la danse, une anecdote caractéristique me vient à l'esprit. Alors qu'il faisait la cour à ma mère, il alla un soir d'été lui rendre visite. Les Hogarth habitaient un peu à l'écart de

Londres, dans une résidence qui possédait un salon ouvrant avec des portes-fenêtres sur une pelouse. Dans cette pièce, ma mère et sa famille étaient assises tranquillement après le dîner de ce soir-là, quand tout à coup un jeune marin a sauté par une des fenêtres ouvertes de l'appartement, a sifflé et dansé une cornemuse, et avant qu'ils aient pu se remettre de leur étonnement, il a sauté encore. Quelques minutes plus tard, mon père entra par la porte, aussi posément que s'il était tout à fait innocent de la farce, et serra la main de tout le monde ; mais la vue de leurs visages étonnés prouvait trop pour sa tentative de sobriété, son rire chaleureux était le signal pour que le reste du groupe se joigne à sa gaieté. Mais à en juger par ses faibles capacités au cours des années suivantes, j'imagine qu'il a dû prendre de nombreuses leçons pour assurer sa perfection dans ce cornemuse.

Sa danse était à son meilleur, je pense, dans « Sir Roger de Coverly » — et dans ce qu'on appelle les danses country. Dans le premier cas, pendant que les couples finaux dansent et que les couples latéraux sont censés être immobiles, mon père insistait pour que les côtés suivent une sorte de pas de gigue, frappent dans leurs mains pour ajouter au plaisir et dansent au rythme de la danse. dos de ceux dont il pensait qu'il fallait exciter l'enthousiasme, ne restait lui-même qu'un instant jusqu'à la fin de la danse. Il aimait beaucoup une danse country qu'il avait apprise chez quelques chers amis au château de Rockingham, et qui commençait par un menuet assez majestueux sur l'air de « God save the Queen », puis se précipitait soudainement dans « Down the Middle and ». à nouveau. Son enthousiasme pour cette danse, je me souviens, était si grand qu'un soir, après quelques-unes de nos représentations théâtrales à Tavistock House, alors que j'étais complètement épuisé de fatigue, étant choisi par lui comme son partenaire, j'ai attrapé l'infection de sa gaieté, et ma lassitude a disparu. Comme il le dit lui-même, en décrivant la fête de Noël du cher vieux « Fezziwig », nous étions « des gens qui dansaient et n'avaient aucune idée de marcher ». Son plaisir à toutes nos ébats était également vif, et il écrit à un ami américain, *à propos* d'une de nos réjouissances de Noël : « Forster est de retour ; et s'il ne rentre pas de la manière dont nous avons célébré Noël, il doit être vraiment très fort. De tels dîners, de telles conjurations, de tels polissages d'aveugles, de telles sorties au théâtre, de tels baisers des vieilles années et des baisers des nouveaux n'avaient jamais eu lieu dans ces régions auparavant. Poursuivre le Chuzzlewit et réaliser ce petit livre, le Carol, entre deux parties, était, comme vous pouvez le supposer, un travail assez serré. Mais quand cela a été fait, j'ai éclaté comme un fou, et si vous aviez pu m'avoir vu l'autre soir à une fête d'enfants chez Macready's, assister à un bal country avec Mme M., vous auriez pensé que j'étais un gentleman campagnard possédant une propriété indépendante. je réside dans une ferme de premier ordre, avec le vent qui souffle droit sur mon visage tous les jours.

Lors de nos ébats de vacances, il avait parfois l'habitude de nous conjurer, l'art non moins « noble » du prestidigitateur étant parmi ses réalisations. Il écrit à un autre ami américain à ce sujet, qu'il a inclus dans la liste de nos divertissements de la Douzième Nuit : « L'actuaire de la dette nationale n'a pas pu calculer le nombre d'enfants qui viendront ici la Douzième Nuit, en l'honneur de l'anniversaire de Charlie. , pour quelle occasion j'ai fourni une lanterne magique et divers autres formidables moteurs de cette nature. Mais le meilleur, c'est que Forster et moi avons acquis à nous deux tout le fonds de commerce d'un prestidigitateur, dont la pratique et l'exposition m'ont été confiées. Et si vous pouviez me voir transformer les montres de l'entreprise en boîtes à thé impossibles et faire voler des pièces d'argent, brûler des mouchoirs de poche sans les brûler, et m'entraîner dans ma propre chambre sans personne à admirer, vous ne l'oublieriez jamais aussi longtemps comme tu vis.

L'un de ces tours de prestidigitation consistait en la disparition et la réapparition d'une petite poupée, qui annonçait les nouvelles et les messages les plus inattendus aux différents enfants du public ; cette poupée était particulièrement appréciée et son arrivée était attendue et accueillie avec impatience.

Qu'il aimait souligner Noël de toutes les manières possibles, comme le prouve l'extrait suivant d'une note qu'il m'a envoyée en décembre 1868. Après avoir parlé d'une lecture qu'il devait donner la veille de Noël, il dit : « Il me vient à l'esprit que ma table à St. James' Hall pourrait être convenablement ornée d'un peu de houx mardi prochain. Si les deux pattes avant en étaient entrelacées, par exemple, et qu'une bordure en courait autour du haut de la frange avant, avec un petit brin en guise de bouquet à chaque coin, cela présenterait une apparence saisonnière. Si vous y réfléchissez et que vous avez le matériel prêt dans un petit panier, je vous appellerai au bureau et vous conduirai dans le hall où la table sera prête pour vous.

Mais je pense que nos marées de Noël et du Nouvel An à « Gad's Hill » ont été les plus heureuses de toutes. Notre maison était toujours remplie d'invités, tandis qu'une chaumière dans le village était réservée à l'usage des célibataires de notre groupe de vacances. Mon père lui-même désertait toujours son travail la semaine, et c'était presque notre plus grand plaisir. Il était le plaisir et la vie de ces rassemblements, le véritable esprit de Noël de douceur et d'hospitalité remplissant son cœur grand et généreux. Les longues promenades avec lui étaient des plaisirs quotidiens inoubliables. Les jeux passaient joyeusement nos soirées. Les « Proverbes », un jeu de mémoire, étaient très populaires et c'était un jeu dans lequel ma tante ou moi-même étions susceptibles de remporter la victoire. L'agacement de mon père face à notre échec était parfois très amusant, mais tout à fait réel. « Dumb Crambo » était un autre favori, et dans lequel la grande capacité d'imitation de mon père se montrait parfaitement. Je me souviens qu'un soir, sa stupide expression du mot « grenouille » était si ridicule que ce souvenir bouleversa Marcus Stone, l'artiste intelligent, lorsqu'il essaya quelque temps plus tard de l'imiter.

Un Noël très rigoureux, alors que la neige était si épaisse qu'elle rendait impossible tout divertissement ou divertissement en plein air pour nos invités, mon père a suggéré que lui et les habitants de la « maison des célibataires » passent le temps à déballer le chalet français, qui avait qui lui a été envoyé par M. Fetcher, et qui est arrivé à la gare de Higham dans un grand nombre de caisses d'emballage. Les déballer et assembler les pièces leur a donné un travail intéressant et quelques sujets de conversation pour notre déjeuner.

Nos dîners du jour de Noël à « Gad's Hill » étaient particulièrement lumineux et joyeux, certains de nos voisins les plus proches se joignant à notre fête à la maison. Le pudding aux prunes de Noël avait son propre plat spécial en porcelaine repoussée colorée, orné de houx. Le pudding était déposé dessus avec un brin de vrai houx au centre, allumé, et dans cet état placé devant mon père, son arrivée étant toujours le signal des applaudissements. Une table joliment décorée était son plaisir particulier, et dès ma plus tendre enfance, c'était à moi d'en prendre soin. Quand j'avais tout prêt, il venait avec moi inspecter le résultat de mes travaux, avant de m'habiller pour le dîner, et aucun mot, sauf des éloges, ne me parvenait jamais à l'oreille.

C'était un sculpteur merveilleusement soigné et rapide, et je suis heureux de dire que m'a appris une partie de son talent dans ce domaine. J'avais l'habitude de l'aider lors de nos fêtes à domicile à « Gad's Hill » en sculptant à une table d'appoint, puis en retournant à ma place en face de lui dès que mon devoir était terminé. Le jour de Noël, nous avions tous nos verres remplis, puis mon père, levant le sien, disait : « À nous tous. Dieu nous benisse!" un toast qui fut porté rapidement et volontiers. Sa conversation, comme on peut l'imaginer, était souvent extrêmement humoristique, et j'ai vu les domestiques qui attendaient à table rire souvent de ses remarques et de ses histoires drôles. Maintenant, alors que je me souviens de ces rassemblements, ma vue se trouble à cause des larmes qui me montent aux yeux. Mais j'aime me souvenir d'eux et voir, ne serait-ce qu'en souvenir, mon père à sa propre table, entouré de sa propre famille et de ses amis – un bel esprit de Noël.

«Il est bon d'être des enfants parfois, et jamais mieux qu'à Noël, lorsque son puissant fondateur était lui-même un enfant», tel était son propre conseil, conseil qu'il suivit à la fois dans la lettre et dans l'esprit.

Un matin – c'était le dernier jour de l'année, je m'en souviens – alors que nous prenions notre petit-déjeuner à « Gad's Hill », mon père suggéra que nous célébrions la soirée par une mascarade jouée en pantomime. La suggestion fut accueillie avec acclamation, et au milieu des cris et des rires, nous étions alors là, invités et membres de la famille, répartis nos parts respectives. Mon père collectionnait les « propriétés scéniques », les répétitions étaient « convoquées » au moins quatre fois dans la matinée et, dans toute notre excitation, aucune pensée n'était accordée à cette partie nécessaire d'une mascarade, le public, dont la tâche est de deviner le pantomime. Au déjeuner, quelqu'un demanda soudain : « Mais qu'en est-il du public ? "Eh bien, bénis mon âme", dit mon père, "j'avais tout oublié." Des invitations furent rapidement envoyées à nos voisins et des préparatifs supplémentaires furent effectués pour le souper. Au moment voulu, le public est venu, et la mascarade a été jouée avec un tel succès que la soirée reste dans ma mémoire comme l'une des plus joyeuses et des plus heureuses des nombreuses soirées joyeuses et heureuses de notre chère vieille maison. Mon père était si extrêmement drôle dans son rôle que le reste d'entre nous trouvions presque impossible de maintenir un contrôle suffisant sur nous-mêmes pour permettre à la mascarade de se dérouler comme prévu. Elle s'est terminée par une danse country inventée le matin même et pratiquée une douzaine de fois dans la journée, et qui s'est terminée quelques instants avant minuit. Puis nous conduisant tous, personnages et public, dans la grande salle et ouvrant grande la porte, mon père, montre à la main, attendait d'entendre les cloches sonner pour la nouvelle année. Tout était silence et silence après les rires et la gaieté ! Soudain, le carillon des cloches retentit et, se retournant, il dit : « Bonne année à nous tous ! Dieu nous benisse." Bisous, bons vœux et poignées de main nous ont ramenés au plaisir et à la gaieté de quelques instants plus tôt. Le souper fut servi, le vin chaud bu en toasts, et le plus fou et le plus fou de « Sir Roger de Coverlys » termina notre soirée et commença notre nouvelle année.

Un jour de l'an, mon père organisait des sports de plein air dans un pré qui se trouvait derrière notre maison. « Demain, écrit-il à un ami, des courses à pied pour les villageois auront lieu dans mon champ, et nous avons travaillé dur toute la journée, construisant un parcours, fabriquant d'innombrables drapeaux, et je ne sais quoi d'autre, Layard (feu Sir Henry Layard) est commissaire en chef de la police intérieure. La police rurale prédit une foule immense.»

Il y avait entre deux et trois mille personnes présentes à ces sports, et par une sorte d'influence magique, mon père semblait diriger chaque créature présente pour qu'elle fasse de son mieux pour maintenir l'ordre. On s'attendait à ce que les choses tournent mal, et malgré les préjugés généraux des voisins contre l'entreprise, la confiance de mon père en ses invités ne fut pas déçue. Mais vous aurez son propre récit de son succès. « Nous avions fait un très joli parcours, écrivait-il, et nous avions pris grand soin. Encouragé par l'expérience des matchs de cricket, j'ai autorisé le propriétaire du Falstaff à installer une buvette sur le terrain. Pour ne pas avoir l'air de dicter ou de me méfier, j'ai donné tous les prix en argent. La grande masse de la foule était composée d'ouvriers de toutes sortes, soldats, marins et terrassiers. Ils ne déplaçaient pas, entre dix heures et demie, lorsque nous partions, et le coucher du soleil, une corde ou un pieu ; et ils laissèrent chaque barrière et chaque drapeau aussi soignés qu'ils les trouvèrent. Il n'y eut pas de dispute et il n'y eut aucune ivresse. Je leur ai fait un petit discours depuis la pelouse à la fin des matchs, en leur disant que, s'il vous plait, nous recommencerions l'année prochaine. Ils applaudirent avec vigueur et se dispersèrent. La route entre ceci et Chatham ressemblait à une foire toute la journée ; et c'est sûrement une bonne chose d'obtenir un comportement aussi parfait de la part d'une ville portuaire imprudente. Il a été le dernier à s'en rendre compte, je suis sûr que c'est sa propre nature sympathique qui lui a valu l'amour et l'honneur de toutes les classes, et qui a contribué à faire des sports de la journée un si grand succès !

Mon père était de nouveau dans son élément lors des soirées de la Douzième Nuit auxquelles j'ai déjà fait allusion. Pendant de nombreuses années consécutives, Miss Coutts, aujourd'hui baronne Burdett Coutts, avait l'habitude d'envoyer à mon frère, à l'occasion de son anniversaire, le plus magnifique des gâteaux de la Douzième Nuit, accompagné d'une boîte de bonbons et de personnages de la Douzième Nuit. Le gâteau fut coupé et les faveurs et les bonbons distribués lors du souper d'anniversaire, et c'est alors que la nature gentille et géniale de mon père déborda de gaieté. Il aurait quelque chose de drôle à dire à tout le monde, et sous ses attentions, l'enfant le plus timide s'éclairerait et deviendrait joyeux. Personne n'a été négligé ou oublié par lui ; comme le jeune Cratchits, il était « omniprésent ». Le souper était suivi de chants et de récitations des différents membres de la compagnie, mon père agissant toujours comme maître de cérémonie et faisant appel d'abord à un enfant, puis à un autre pour sa contribution à la fête. Je vois maintenant les visages anxieux tournés vers les yeux rayonnants et rieurs de leur hôte. Avec quelle attention il écoutait, la tête légèrement renversée et un peu de côté, un sourire heureux aux lèvres. Ô ces moments joyeux et heureux, qui ne seront jamais oubliés par aucun de ses propres enfants, ni par aucun de leurs invités. Ces moments joyeux et heureux !

Et en écrivant ainsi ces chères vieilles vacances, où nous étions tous si heureux dans notre maison, et où mon père était avec nous, permettez-moi d'ajouter ce petit post-scriptum, et de vous saluer en ce Noël de 1896, avec les propres mots de mon père : « Réfléchissez à vos bénédictions présentes – dont tout homme en possède beaucoup – et non à vos malheurs passés, dont tous les hommes en ont. Remplissez à nouveau votre verre avec un visage joyeux et un cœur content. Notre vie y est, mais votre Noël sera joyeux et votre nouvelle année heureuse.

« Alors que la nouvelle année soit une bonne année pour vous, heureuse pour bien d'autres dont le bonheur dépend de vous ! Ainsi, que chaque année soit plus heureuse que la précédente, et que les plus méchants de nos frères ou sœurs ne se soient pas vu refuser leur part légitime de ce pour quoi notre grand Créateur les a formés.

CHAPITRE III.

Mon père au travail.—Les pièces dans lesquelles il
écrivait.—L'amour pour ses personnages enfants.—Génie
pour le dessin de personnages.—Nicholas Nickleby.—Ses
heures d'écriture.—Son seul amanuensis.—«Pickwick» et
«Boz.» Décès de M. Thackeray.

Lorsqu'il travaillait, mon père était presque toujours seul, de sorte que, à de rares exceptions près, sauf dans la mesure où nous pouvions voir l'effet des aventures de ses personnages sur lui dans ses humeurs quotidiennes, nous ne connaissions que peu de choses sur sa manière de travailler. Dans ces circonstances, un calme absolu était indispensable, le moindre bruit rendant une interruption fatale au succès de ses travaux, même si, curieusement, dans ses heures de loisirs, l'agitation et le bruit d'une grande ville lui semblaient nécessaires. Il écrit, après une oisiveté forcée de deux ans, passée dans un endroit tranquille ; « La difficulté d'avancer à ce que j'appelle une allure rapide est prodigieuse ; en fait, c'est presque impossible. Je suppose que c'est en partie l'effet de deux années d'aisance, et en partie de l'absence de rues et de chiffres. Je ne peux pas exprimer à quel point je les veux. Il semble qu'ils aient fourni à mon cerveau quelque chose qu'il ne peut supporter de perdre lorsqu'il est occupé. Pendant une semaine ou une quinzaine je peux écrire prodigieusement dans un lieu retiré, une journée à Londres me fixer et me relancer. Mais le labeur et le travail d'écrire jour après jour sans cette lanterne magique sont immenses ! »

Comme je l'ai dit, il était généralement seul au travail, même s'il y avait bien sûr quelques exceptions occasionnelles, et je constituais moi-même une telle exception. Durant notre vie à Tavistock House, j'ai eu une maladie longue et grave, avec une convalescence presque aussi longue. Durant cette dernière, mon père me proposa d'être transporté chaque jour dans son cabinet pour rester avec lui, et, quoique j'eusse peur de le déranger, il m'assura qu'il désirait m'avoir avec lui. Un de ces matins, j'étais allongé sur le canapé, m'efforçant de rester parfaitement silencieux, pendant que mon père écrivait activement et rapidement à son bureau, lorsqu'il sauta brusquement de sa chaise et se précipita vers un miroir qui était suspendu à proximité et dans lequel je pouvais voir le reflet des extraordinaires contorsions faciales qu'il effectuait. Il retourna rapidement à son bureau, écrivit furieusement pendant quelques instants, puis se dirigea de nouveau vers le miroir. La pantomime faciale reprit, puis se tournant vers moi, mais ne me voyant visiblement pas, il commença à parler rapidement à voix basse. Cependant, cessant bientôt de le faire, il retourna une fois de plus à son bureau, où il resta silencieux à écrire jusqu'à l'heure du déjeuner. Ce fut pour moi une expérience des plus curieuses, et dont je n'appris pleinement le contenu que des années plus tard.

Je sus alors qu'avec son intensité naturelle, il s'était jeté complètement dans le personnage qu'il était en train de créer, et que pour le moment il avait non seulement perdu de vue son environnement, mais qu'il était devenu en réalité, en action comme en imagination, la créature. de sa plume.

Ses « études » étaient toujours des pièces gaies et agréables et toujours, comme lui, la personnification de la propreté et de l'ordre. Sur l'étagère de sa table à écrire se trouvaient de nombreux ornements délicats et utiles, des cadeaux de ses amis ou des membres de sa famille, et toujours un vase de fleurs lumineuses et fraîches. Le premier bureau dont je me souviens est celui de notre maison de Devonshire Terrace, une jolie pièce, avec des marches menant directement au jardin et avec une porte à feutrine supplémentaire pour empêcher tous les sons et bruits d'entrer. L'étude de Tavistock House était plus élaborée ; une belle et grande pièce ouverte sur le salon au moyen de portes coulissantes. Lorsque les pièces furent réunies, elles donnèrent à mon père une promenade d'une longueur considérable pour la promenade constante à l'intérieur qui constituait pour lui une récréation préférée après une dure journée d'écriture.

À « Gad's Hill », il fit d'abord un bureau depuis l'une des grandes chambres à coucher libres de la maison, car les fenêtres donnaient sur une de ses vues magnifiques et préférées. Sa table à écrire était toujours placée près d'une fenêtre donnant sur le monde ouvert qu'il aimait tant. Par la suite, il occupa pendant des années une pièce plus petite donnant sur le jardin arrière et une jolie prairie, mais il la transforma finalement en une salle de billard miniature, puis s'installa finalement dans la pièce du côté droit du hall d'entrée face au jardin de devant. . C'est cette pièce que M. Luke Fildes, le grand artiste et notre estimé ami, a rendu célèbre dans son tableau « La chaise vide », qu'il a dessiné pour « The Graphic » après la mort de mon père. Le bureau, les bibelots, l'immense corbeille à papier que « le maître » avait fabriquée pour son propre usage, tout y est, et, hélas, la chaise vide !

Qu'il était toujours sérieux, qu'il vivait avec ses créations, que leurs joies et leurs peines étaient ses joies et ses peines, que parfois son angoisse, tant physique que spirituelle, était poignante et déchirante, je le sais. Son intérêt et son amour pour ses personnages étaient aussi intenses que sa nature, et ne se manifestent nulle part plus fortement que dans ses souffrances au cours de son portrait de la courte vie de « Little Nell », comme un père qu'il pleurait pour sa petite fille, l'enfant de son cerveau – et il écrit : « Je suis, pour le moment, presque mort de travail et de chagrin pour la perte de mon enfant. » Il écrit encore à son sujet : « Vous ne pouvez pas imaginer (j'écris et parle gravement) à quel point je suis épuisé aujourd'hui par les travaux d'hier. Hier soir, je me suis couché complètement déprimé et épuisé. Toute la nuit, j'ai été poursuivi par l'enfant ; et ce matin, je ne suis pas reposé et misérable. Je ne sais pas quoi faire de moi-même.

Son amour et son attention pour ce petit sont montrés de la manière la plus pathétique dans les suggestions qu'il a faites à M. George Cattermole pour ses illustrations du « Old Curiosity Shop ». « Kit, le monsieur célibataire, et M. Garland descendent à l'endroit où se trouve l'enfant et y arrivent de nuit. Il est tombé de la neige. Kit, les laissant derrière lui, court à la vieille maison, et, une lanterne dans une main, et l'oiseau dans sa cage dans l'autre, s'arrête un instant à peu de distance, avec une hésitation naturelle, avant de monter pour faire sa présence connue. Dans une fenêtre, censée être celle de la petite chambre de l'enfant, une lumière brûle, et dans cette pièce l'enfant (à l'insu, bien entendu, de ses visiteurs pleins d'espoir) gît morte.

Encore : « L'enfant étendu mort dans la petite chambre à coucher, derrière le paravent ouvert. C'est l'hiver, donc il n'y a pas de fleurs, mais sur sa poitrine et son oreiller il peut y avoir des bandes de houx, de baies et d'autres choses vertes. Une fenêtre envahie par le lierre. Le petit garçon qui lui a parlé des anges peut être à son chevet, si cela vous plaît ; mais je pense que ce sera plus calme et plus paisible si elle est toute seule. Je veux que la scène exprime le plus beau repos et la plus belle tranquillité, et qu'elle ait un air quelque peu heureux, si la mort peut le faire.

Un autre : « L'enfant a été enterrée dans l'église, et le vieil homme, à qui on ne peut pas faire comprendre qu'elle est morte, se répare à la tombe et reste assis là toute la journée, attendant son arrivée pour commencer un autre voyage. Son bâton et son sac à dos, son petit bonnet et son panier sont posés à côté de lui. « Elle viendra demain », dit-il quand la nuit tombe, puis il rentre tristement chez lui. Je pense qu'un sablier s'écoulerait pour maintenir l'idée ; peut-être ses petites choses sur ses genoux ou dans sa main. Je brise mon cœur à cause de cette histoire et je ne peux pas supporter de la terminer.

En accusant réception d'une lettre concernant ce livre de M. John Tomlin, un Américain, il écrit : « Je vous remercie cordialement et chaleureusement pour votre lettre, et pour ses termes aimables et courtois. Penser que j'ai éveillé parmi les vastes solitudes dans lesquelles vous habitez un sentiment de camaraderie et de sympathie avec les créatures aux heures de réflexion, est pour moi la source du plus pur délice et de la plus pure fierté ; et croyez-moi que vos expressions d'affectueux souvenir et d'approbation, retentissant des vertes forêts du Mississipi, pénètrent plus profondément dans mon cœur et le gratifient plus que toutes les distinctions honorifiques que pourraient conférer toutes les cours d'Europe. Ce sont des choses comme celles-là qui font espérer qu'on ne vit pas en vain, et qui constituent la plus haute récompense de la vie d'un auteur. »

Son génie pour dessiner des personnages n'a besoin d'aucune preuve : ses personnages vivent pour se porter garants d'eux-mêmes, de leur réalité. Je suis toujours étonné que la main qui a dessiné ces créations pathétiques et magnifiques, ces hommes à l'humour bienveillant, ces charmantes femmes, ces malheureux petits enfants, puisse aussi décrire avec une si merveilleuse précision la méchanceté et la ruse de personnages tels que Bumble, Bill Sykes. , Pecksniff, Uriah Heep et Squeers. Sans aucun doute, dès sa plus tendre enfance, il possédait la perception rapide, l'instinct, qui pouvait lire dans les caractères des gens leurs tendances vers le bien et le mal, et tout au long de sa vie, il a placé cette capacité au-dessus de l'habileté et de la finition littéraires. M. Forster le souligne dans sa biographie, parlant de ses traits remarquables : « Ce que j'avais en effet le plus remarqué chez lui au tout début de sa carrière, c'était son indifférence à l'égard de tout éloge de ses performances sur leur valeur purement littéraire, comparée à la plus haute reconnaissance de ceux-ci en tant qu'éléments de la vie réelle, avec le sens et le but de leur part, et la responsabilité qui incombe à lui, de réalités plutôt que de créatures imaginaires.

Mais il était toujours heureux des éloges, et toujours modeste et reconnaissant lorsqu'il les rendait. "Comment puis-je te remercier?" il écrit à un ami qui exprimait son plaisir devant « Oliver Twist ». « Puis-je faire mieux que de dire que le sens de la réalité du pauvre Oliver, que je sais que vous avez eu dès le début, a été pour moi le plus grand de tous les éloges ? Dans aucun de ce qui m'a été prodigué, je n'ai ressenti autant que cette appréciation de mon intention et de ma signification. Vos avis me rendent très reconnaissant, mais très fier, alors faites attention.

Les impressions qui furent ensuite transformées en motifs et en intrigues pour ses histoires, il les absorba souvent dès sa plus tendre enfance. La croisade contre les écoles du Yorkshire, menée dans « Nicholas Nickleby », est la réalisation de certaines de ces impressions enfantines. Il écrit lui-même à leur sujet : « Je ne me souviens pas comment j'en suis venu à entendre parler des écoles du Yorkshire, alors que je n'étais pas un enfant très robuste, assis dans des endroits secondaires près du château de Rochester avec la tête pleine de Partridge, Strap, Tom Pipes et Sancho Panza, mais je sais que mes premières impressions sur les écoles ont été recueillies à cette époque. Nous pouvons imaginer à quel point les torts ont dû s'enfoncer profondément dans le cœur sensible de l'enfant, y persistant pendant de nombreuses années, pour porter fruit dans la flagellation et les abus qu'il a subis hors de la terre. Alors qu'il travaillait sur « Nicholas Nickleby », il envoya une de ses lettres caractéristiques en réponse à un petit garçon – Maître Hasting Hughes – qui lui écrivit pour lui demander d'apporter quelques modifications à l'histoire. Comme certains d'entre vous n'ont peut-être pas lu cette lettre, et comme elle est extrêmement amusante, j'en citerai une partie :

 « DOUGHTY STREET , LONDRES .
 « 12 décembre 1838.

« Respecté Monsieur, j'ai donné à Squeers une coupure au cou et deux à la tête, ce qui lui a paru très surpris et s'est mis à pleurer, ce qui, étant une chose lâche, est exactement ce que j'aurais dû attendre de lui. n'est-ce pas ?

« J'ai soigneusement fait ce que vous m'avez dit dans votre lettre concernant l'agneau et les deux « moutons » pour les petits garçons. Ils ont également bu de la bonne bière, du porter et du vin. Je suis désolé que vous n'ayez pas dit quel vin vous souhaiteriez qu'ils aient. Je leur ai donné du sherry, qu'ils ont beaucoup apprécié, sauf un garçon qui était un peu malade et s'étouffait beaucoup. Il était plutôt gourmand, et c'est la vérité, et je crois que cela s'est mal passé, ce qui, je le dis, lui a bien servi, et j'espère que vous le direz aussi. Nick a mangé son agneau rôti, comme vous l'aviez dit, mais il n'a pas pu tout manger, et dit que si cela ne vous dérange pas, il aimerait que le reste soit haché demain avec des légumes verts, ce qu'il est. J'en suis très friand, et moi aussi. Il a dit qu'il n'aimait pas que son porter soit chaud, car il pensait que cela en gâtait la saveur, alors je l'ai laissé le prendre froid. Vous auriez dû le voir le boire. Je pensais qu'il ne s'arrêterait jamais. Je lui ai aussi donné trois livres en argent, le tout en six pence pour faire paraître plus, et il a dit directement qu'il devrait en donner plus de la moitié à sa maman et à sa sœur, et partager le reste avec le pauvre Smike. Et je dis que c'est un bon garçon de dire cela ; et si quelqu'un dit le contraire, je suis prêt à le combattre quand bon lui semble – là-bas !

« Fanny Squeers sera soignée, comptez-y. Votre dessin d'elle ressemble beaucoup, sauf que je ne trouve pas les cheveux assez bouclés. Le nez lui ressemble particulièrement, tout comme les jambes. C'est une chose méchante et désagréable, et je sais que cela la rendra très fâchée quand elle le verra, et ce que je dis, c'est que j'espère que ce sera le cas. Vous direz la même chose, je le sais, du moins je pense que vous le ferez.

La quantité de travail qu'il pouvait accomplir variait considérablement à certaines époques, même si dans son ensemble elle était si immense. Lorsqu'il devint homme de lettres et qu'il cessa de la vie irrégulière et peu méthodique du reporter, ses matinées se passèrent invariablement à son bureau. Le temps entre le petit-déjeuner et le déjeuner, avec une prolongation occasionnelle de quelques heures dans l'après-midi, était consacré à ses créations. Les exceptions étaient lorsqu'il prenait des vacances ou se reposait, bien que même lorsqu'il était ostensiblement employé dans ces derniers, l'arrêt de l'écriture d'histoires signifiait répondre aux lettres et s'intéresser davantage à ses affaires, de sorte que peu de repos réel lui venait jamais. la vie plus tard.

Alors qu'il était en Italie, il a donné un journal fragmentaire de sa vie quotidienne dans une lettre à un ami, et la routine était là-bas à peu près ce qu'elle était à la maison. « Je suis dans une excitation féroce et régulière avec les Chimes ; levez-vous à sept heures; prendre un bain froid avant le petit-déjeuner ; et je m'enflamme, courroucé et brûlant, jusqu'à trois heures environ, heure à laquelle j'ai l'habitude de m'arrêter (à moins qu'il ne pleuve) pour la journée. Je suis féroce pour finir dans un esprit ayant une certaine affinité avec celui de la vérité et de la miséricorde, et pour faire honte aux cruels et aux méchants, mais c'est un travail difficile. Tout son inconfort face aux interruptions sonores est également montré dans ce qui précède, dans sa référence aux carillons et à l'effet qu'ils ont eu sur lui.

Malgré la régularité de ses horaires de travail, comme je l'ai dit, la quantité de travail accompli par mon père variait considérablement. Ses manuscrits étaient généralement écrits sur des « feuillets » blancs, mais parfois sur du papier bleu, et il y avait de nombreux matins où il lui était impossible d'en remplir un. Il écrit un jour : « Je suis assis chez moi, attendant patiemment Oliver Twist, qui n'est pas encore arrivé. » Et, en effet, « Oliver » lui a causé beaucoup de problèmes, au cours de ses aventures, par sa réticence à être facilement mis sur papier. Cette lenteur dans l'écriture marqua de façon plus marquante la première période de la carrière littéraire de mon père, même si ces « jours blancs », où son cerveau refusait de travailler, se produisirent occasionnellement jusqu'à la fin. Il était très critique à l'égard de ses propres travaux et n'apportait que le meilleur de son cerveau à l'art qu'il aimait tant : sa vénérée maîtresse. Mais, d'un autre côté, la quantité de travail qu'il accomplissait à d'autres moments était presque incroyable. Lors d'un long séjour à Lausanne, il écrit : « Je n'ai pas chômé depuis que je suis ici. J'avais beaucoup à écrire pour Lord John sur les écoles en lambeaux ; alors je me suis mis au travail et j'ai fait ça. Une bonne affaire pour Miss Coutts, en référence à ses projets caritatifs ; alors je me suis mis au travail et j'ai fait ça. La moitié du Nouveau Testament pour enfants à écrire, ou presque. Je me suis mis au travail et c'est ce que j'ai fait. Ensuite, j'ai débarrassé la plus grande partie de la correspondance à laquelle je m'étais imprudemment engagé, et alors… j'ai commencé Dombey !

Je ne connais qu'une seule occasion où il a employé une amanuensis, et ma tante est mon autorité pour ce qui suit, concernant cette seule fois : « Le livre que votre père m'a dicté était « L'histoire de l'enfant d'Angleterre ». La raison pour laquelle j'ai été utilisé comme secrétaire était que "Bleak House" était en train d'être écrit au même moment et que votre père me dictait en se promenant dans la pièce, comme un soulagement après son long emprisonnement sédentaire. L'histoire était écrite pour "Household Words" et "Bleak House" également sous forme de série, donc il avait du travail hebdomadaire et mensuel en même temps. L'histoire était dédiée : « À mes chers enfants, que j'espère qu'elle aidera, peu à peu, à lire avec intérêt des livres plus grands et meilleurs sur le même sujet. »

Mon père écrivait toujours avec une plume d'oie et de l'encre bleue et n'utilisait jamais, je pense, de crayon à mine. Son écriture était considérée comme extrêmement difficile à lire par de nombreuses personnes, mais je ne l'ai jamais trouvée telle. Dans ses manuscrits, il y avait tellement de ratures et d'interlinéations si fréquentes qu'une équipe spéciale de compositeurs a été utilisée pour son travail, mais cela n'était pas dû à une quelconque illisibilité de son écriture. La plupart des manuscrits sont exposés au South Kensington Museum dans la « Collection Forster » et ils montrent tous, je pense, l'extrême soin et la minutie de l'écrivain, ainsi que son désir toujours constant d'améliorer et de simplifier sa phrase originale. . Son objection à l'utilisation d'un crayon à mine était si grande que même ses notes personnelles, telles que ses listes d'invités aux dîners, la disposition des tables et les menus, étaient toujours écrites à l'encre. Pour sa correspondance personnelle, il utilisait du papier bleu et signait son nom dans le coin gauche de l'enveloppe. Après une matinée de travail intense, il était parfois très préoccupé lorsqu'il arrivait au déjeuner. Souvent, lorsque nous n'étions que notre fête à la maison à « Gad's Hill », il entrait, prenait quelque chose à manger de manière machinale - il ne mangeait jamais qu'un petit déjeuner - et retournait à son bureau pour terminer le travail qu'il lui restait. , ayant à peine prononcé un mot pendant tout ce temps. Encore une fois, il revenait, ayant terminé son travail, mais l'air très fatigué et épuisé. Notre conversation à ces moments-là ne semblait pas le déranger, même si tout bruit soudain, comme le bruit d'une cuillère ou le tintement d'un verre, lui envoyait un spasme de douleur sur le visage.

La popularité soudaine, presque instantanée, de « Pickwick » était connue du monde entier bien avant que son jeune auteur anxieux ne s'en rende compte. Toutes les transactions commerciales concernant sa publication étaient modestes dans une certaine mesure, et les préparatifs pour un tel succès étaient inexistants. Quant à sa popularité, M. Forster écrit : « Les juges sur le banc et les garçons dans les rues, la gravité et la folie, les jeunes et les vieux, ceux qui entraient dans la vie et ceux qui la quittaient, la trouvaient irrésistible. » Carlyle a écrit : « Un archidiacre m'a répété, de ses propres lèvres vénérables, l'autre soir, l'histoire étrange et profane d'un ecclésiastique solennel qui avait été convoqué pour consoler un homme très malade. En quittant la pièce, il entendit le malade éjaculer : « Eh bien, Dieu merci, Pickwick sera sorti dans dix jours de toute façon ! Aucun jeune auteur n'a jamais connu une renommée plus soudaine et plus brillante que « Boz », et aucun n'aurait pu rester plus intact, ni aussi dépourvu d'égoïsme face au succès. Sa propre opinion de sa renommée et son estimation de sa valeur peuvent être citées ici : « Être compté parmi les dieux domestiques de ses compatriotes éloignés, et associé à leurs maisons et à leurs plaisirs tranquilles ; savoir que dans chaque coin et recoin de la grande masse du monde vit un sympathisant qui entretient la communion avec quelqu'un dans l'esprit, est en effet une digne renommée. Que je puisse être assez heureux pour égayer pendant longtemps certaines de vos heures de loisir et pour occuper une place dans vos pensées agréables, tel est le souhait sincère de « Boz ».

La veille de Noël 1863, mon père fut profondément choqué et affligé d'apprendre la mort subite de M. Thackeray. Nos invités, naturellement, étaient pleins de la triste nouvelle, et tout était sombre. Nous pensions tous au chagrin de ses deux filles, qui lui étaient si dévouées, et que son enlèvement soudain laisserait si désolé. Dans « The Cornhill Magazine » du mois de février suivant, mon père écrivait : « J'ai vu M. Thackeray pour la première fois il y a près de vingt-huit ans, lorsqu'il a proposé de devenir l'illustrateur de mon premier livre. Je l'ai vu pour la dernière fois peu avant Noël, à l'Athenæum Club, quand il m'a dit qu'il était au lit depuis trois jours et qu'il avait dans l'idée d'essayer un nouveau remède, qu'il a décrit en riant. Il était joyeux et avait l'air très brillant. Dans la nuit de ce jour-là, il mourut. * * * * Personne ne peut être plus sûr que moi de la grandeur et de la bonté de son cœur. En aucun cas je ne devrais prendre sur moi en ce moment de parler de ses livres, de sa connaissance raffinée du caractère, de sa connaissance subtile de la faiblesse de la nature humaine, de son délicieux côté ludique d'essayiste, de ses ballades pittoresques et touchantes. , de sa maîtrise de la langue anglaise. Mais devant moi se trouve tout ce qu'il avait écrit de sa dernière histoire, et la douleur que j'ai ressentie en la parcourant n'a pas été plus profonde que la conviction qu'il était dans la région la plus saine de ses forces lorsqu'il travaillait à ce dernier travail. Les derniers mots qu'il a corrigés sous forme imprimée étaient « et mon cœur battait d'un bonheur exquis ». Dieu veuille que, cette veille de Noël, lorsqu'il reposa la tête sur son oreiller et leva les bras en l'air comme il avait l'habitude de le faire lorsqu'il était très fatigué, une certaine conscience du devoir accompli et de l'espérance chrétienne humblement chérie tout au long de sa vie, ait pu a fait palpiter son propre cœur lorsqu'il est décédé pour se reposer.

CHAPITRE IV.

Enfant, mon père était empêché de participer activement aux sports et aux divertissements de ses jeunes compagnons en raison de son extrême délicatesse et de ses fréquentes maladies, de sorte que jusqu'à l'âge adulte, sa connaissance des jeux s'acquérait simplement en observant les autres pendant de longues heures, allongé sur le lit. herbe. Avec l'âge adulte, cependant, vinrent la force et l'activité qui lui permirent de participer à toutes sortes d'exercices et de sports de plein air, et il semblait que dans son plaisir passionné et sa participation au cours de ces dernières années, il était récompensé pour les années lasses de son enfance, marquées par la souffrance et la souffrance. incapacité. Les sports athlétiques étaient une passion pour lui dans sa virilité, comme je l'ai dit. En 1839, il loua un cottage à Petersham, non loin de Londres « où », pour citer M. Forster, « les vastes jardins permettaient de nombreuses compétitions sportives, dans lesquelles Dickens, pour la plupart, résistait même à de tels adversaires ». athlètes accomplis comme Maclise et M. Beard. Le saut de barre, le bowling et le palet étaient parmi les jeux pratiqués avec la plus grande ardeur, et avec une énergie soutenue, Dickens distançait certainement tous les concurrents. Même les recréations plus légères de Battledore et de Bagatelle ont été poursuivies avec une activité incessante. Lors de divertissements tels que les courses de Petersham, plutôt célèbres à cette époque, et auxquelles il se rendait quotidiennement tant qu'elles duraient, il travaillait beaucoup plus dur que les chevaux de course.

L'équitation était de tout temps un des loisirs favoris de mon père, et il invitait constamment l'un ou l'autre de ses amis à lui tenir compagnie dans ces excursions. Toujours friand, dans ses heures de loisirs, de compagnons, il semblait trouver ses promenades et ses promenades tout à fait incomplètes si elles étaient faites seules. Il écrit à une occasion : « Que pensez-vous d'un trajet de quinze milles à l'extérieur, idem pour l'arrivée, et d'un déjeuner sur la route, avec pour finalité un dîner à six heures dans Doughty Street ? Et encore : « Ne sachant pas si j'avais la tête baissée ou allumée, je suis devenu si occupé par le travail que j'ai parcouru l'ancienne route à cheval et je serai vraiment ravi de vous rencontrer ou d'être rattrapé par vous. » Dans sa jeunesse, il aimait beaucoup l'équitation, mais comme je ne me souviens pas de l'avoir vu à cheval, je pense qu'il a dû se priver de ce passe-temps peu après son mariage.

Mais marcher était peut-être son plus grand plaisir, et les chemins de campagne comme les rues des villes le trouvaient un observateur attentif de leurs beautés et de leurs intérêts. C'était un marcheur rapide, son rythme habituel était de quatre milles à l'heure, et pour suivre son rythme, il lui fallait une énergie et une activité similaires aux siennes. Dans plusieurs de ses lettres, il parle avec une joie évidente de ce passe-temps. Dans l'un d'entre eux, il écrit : « Quelle brillante matinée pour une promenade à la campagne ! Je commence précisément – précisément, remarquez – à une heure et demie. Venez, venez, venez vous promener dans les ruelles vertes ! Encore une fois : « Vous ne vous sentez pas disposé, n'est-ce pas, à vous emmitoufler et à partir avec moi pour une bonne et rapide promenade dans Hampstead Heath ?

Les jeux extérieurs les plus simples le ravissaient. On jouait constamment au Battledore et au volant dans le jardin de Devonshire Terrace, même si je ne me souviens pas que mon père y ait jamais joué ailleurs. Le jeu de boules américain lui plaisait et les joueurs le trouvaient plus qu'expert. Il n'aimait pas le croquet, mais il appréciait intensément le cricket en tant que spectateur, gardant toujours l'un des scores lors des matchs à « Gad's Hill ».

Il croyait fermement à l'hygiène du bain et les bains froids, les bains de mer et les bains de douche comptaient parmi ses pratiques les plus constantes. À cette époque, les ablutions scientifiques n'étaient pas très généralement pratiquées, et je suis sûr que dans de nombreux endroits, au cours de ses voyages, mon père était considéré comme un aimable maniaque ayant un penchant pour la lessive.

Lors de sa première visite en Amérique, alors qu'il effectuait un voyage sur un bateau fluvial assez accidenté et inconfortable, il écrivait : « Je passe pour très résistant le matin, car je cours nu cou et plonge ma tête dans l'eau à moitié gelée. à cinq heures et demie. Je suis respecté pour mon activité, dans la mesure où je saute du bateau sur le chemin de halage et marche cinq ou six milles avant le petit déjeuner, tout en suivant les chevaux. Et de Broadstairs : « Dans une baie vitrée est assis, de neuf heures à une heure, un monsieur aux cheveux plutôt longs et sans cravate, qui écrit et sourit comme s'il se trouvait vraiment très drôle. A une heure, il disparaît, sort bientôt d'un appareil de bain et on aperçoit une sorte de marsouin saumoné, barbotant dans l'océan. Après cela, on peut le voir dans une autre baie vitrée du rez-de-chaussée, en train de manger un bon déjeuner ; et après cela, marcher une douzaine de kilomètres ou deux, ou s'allonger sur le dos sur le sable pour lire. Personne ne le dérange, à moins qu'on ne sache qu'il est disposé à ce qu'on lui parle ; et on me dit qu'il se sent vraiment très à l'aise.

Pendant les mois d'été les plus chauds de notre résidence annuelle en Italie, nous vivions dans un petit port de la Méditerranée appelé Albaro. La baignade ici était des plus primitives, une partie des bassins clairs et bleu foncé parmi les rochers étant réservée aux femmes, l'autre aux hommes, et comme nous, les enfants, étions aussi à l'aise dans l'eau que n'importe quelle variété connue d'animaux. poisson, nous regardions avec émerveillement ce qu'on appelle le bain des femmes italiennes. Ils venaient en essaims, joliment habillés et avec des chevelures les plus élaborées, mais la moindre mouillure avec eux équivalait à un bain. Dans la baie ouverte d'Albaro, le courant était très fort et la baignade était très dangereuse, même pour un nageur expérimenté. Je me souviens d'un matin de la frayeur terrible que nous fit un de nos oncles ; il a nagé dans la baie, a été attrapé par le courant d'une marée descendante et emporté hors de portée de nos yeux. Un bateau de pêche l'a récupéré encore vivant, bien que très épuisé. « C'était un monde d'horreur et d'angoisse, concentré en quatre ou cinq minutes d'agitation épouvantable », écrivait mon père, « et pour parfaire la terreur, toute la famille, y compris les enfants, étaient sur le rocher, à la vue de tout cela. , pleurant comme des créatures folles.

Il aimait les animaux, les fleurs et les oiseaux, son penchant pour ces derniers ne se manifestant nulle part plus fortement que dans sa dévotion envers ses corbeaux de Devonshire Terrace. Il écrit de manière caractéristique à propos de la mort de « Grip », le premier corbeau : « Vous serez profondément choqués et attristés d'apprendre que le corbeau n'est plus. Il a expiré aujourd'hui vers midi quelques minutes après. Il souffrait depuis quelques jours, mais nous ne prévoyions aucun résultat grave, supposant qu'une partie de la peinture blanche qu'il avait avalée l'été dernier pourrait persister dans ses organes vitaux. Hier après-midi, son état était tellement pire que j'ai envoyé un message express au médecin, qui s'est rapidement présenté et lui a administré une puissante dose d'huile de ricin. Sous l'influence de ce médicament, il récupéra au point de pouvoir, à huit heures du soir, mordre Topping (le cocher). Sa nuit a été paisible. Ce matin, au point du jour, il parut mieux et prit abondamment une bouillie tiède dont il parut apprécier le goût. Vers onze heures, son état était tellement pire qu'il fallut étouffer le heurtoir de l'écurie. Vers une heure et demie, on l'entendit parler tout seul du cheval et de la famille de Topping, et ajouter quelques expressions incohérentes qui sont censées avoir été soit un pressentiment de sa dissolution prochaine, soit des vœux relatifs à la disposition de son petit. propriété, composée principalement d'un demi-denier qu'il avait enterré dans différentes parties du jardin. Lorsque midi sonna, il parut légèrement agité, mais il se remit bientôt, marcha deux ou trois fois le long de la remise, s'arrêta pour aboyer, chancela et s'écria : « Bonjour, vieille fille ! (son expression préférée) et est mort. Il s'est comporté tout au long avec un courage, une sérénité et une maîtrise de soi décents. Je regrette profondément que, ignorant son danger, je n'ai pas assisté à recevoir ses dernières instructions.

« Quelque chose de remarquable dans ses yeux a poussé Topping à courir chercher le médecin à midi. Quand ils sont revenus ensemble, notre ami avait disparu. C'est le médecin qui m'a informé de son décès. Il l'a fait avec prudence et délicatesse, me préparant par la remarque qu'« un drôle de début avait eu lieu ». Je ne suis pas totalement à l'abri de soupçons de poison. On a entendu un boucher malveillant dire qu'il « ferait » pour lui. Son plaidoyer était qu'il ne serait pas agressé en prenant les commandes dans les écuries par un oiseau portant une queue. Étaient-ce des corbeaux qui apportaient la manne à quelqu'un dans le désert ? Parfois, j'espère qu'ils l'étaient, et à d'autres moments, je crains que ce ne soit pas le cas, sinon ils l'auraient certainement volé d'ailleurs. Kate se porte aussi bien qu'on peut s'y attendre. Les enfants semblent plutôt contents. Il leur a mordu les chevilles, mais c'était un jeu. » Alors que mon père écrivait à cette époque « Barnaby Rudge » et souhaitait poursuivre son étude de la nature des corbeaux, un autre et plus grand « Grip » a pris la place de « notre ami » mais c'est lui dont les tours de langage et les manières comiques ont donné mon avis. père l'idée de faire d'un corbeau l'un des personnages de ce livre. L'affection de mon père pour « Grip » ne s'est cependant jamais transférée à aucun autre corbeau, et aucun de nous n'a jamais pardonné au boucher que nous tenions tous, d'une manière ou d'une autre, responsable de son décollage prématuré.

Mais je pense que son amour le plus fort, parmi les animaux, était pour les chiens. Je retrouve une délicieuse anecdote racontée par lui à propos d'un chien appartenant à une dame qu'il connaissait bien, « Of », un immense chien terre-neuvien noir et de bonne humeur. Il venait d'Oxford et avait vécu toute sa vie dans une brasserie. Des instructions furent données avec lui : s'il était laissé sortir seul chaque matin, il découvrirait immédiatement la rivière, se baignerait régulièrement et reviendrait gravement à la maison. Il le fit avec la plus grande ponctualité, mais au bout d'un moment on remarqua une odeur de bière. Sa propriétaire était si sûre qu'il sentait la bière qu'elle résolut de le surveiller. On l'a vu revenir de sa baignade au coin habituel et monter un escalier dans un magasin de bière. Immédiatement suivi, on voit le commerçant de bière démonter un pot (pot en étain) et on l'entend dire : "Eh bien, mon vieux, viens chercher ta bière comme d'habitude, n'est-ce pas ?" Sur quoi il tire une pinte, la pose et le chien la boit. Lorsqu'on lui demande d'expliquer comment cela se produit, l'homme répond : « Oui, madame. Je sais que c'est votre chien, madame, mais je ne le savais pas quand il est arrivé pour la première fois. Il a regardé à l'intérieur, madame, comme le ferait un briquetier, puis il est entré, comme le ferait un briquetier, et il a remué la queue vers les pots, et il a reniflé et m'a transmis comme il avait l'habitude de le faire. bière. Alors je lui en ai tiré une goutte, et il l'a bu. Le lendemain matin, il est revenu à l'heure et je lui ai servi une pinte, et depuis, il a pris sa pinte régulièrement.

À cause de nos oiseaux, les chats n'étaient pas admis dans la maison ; mais d'un ami à Londres, j'ai reçu en cadeau un chaton blanc – Williamina – et elle et sa nombreuse progéniture avaient un foyer heureux à « Gad's Hill ». Elle devint la préférée de toute la maison et montra un dévouement particulier à mon père. Je me souviens qu'une fois, alors qu'elle nous avait présenté une famille de chatons, elle avait choisi un coin du bureau de mon père pour leur maison. Elle les rapporta un à un de la cuisine et les déposa dans le coin qu'elle avait choisi. Mon père m'a appelé pour les retirer, me disant qu'il ne pouvait pas laisser les chatons dans sa chambre. Je l'ai fait, mais Williamina les a ramenés, un par un. Encore une fois, ils ont été supprimés. La troisième fois, au lieu de les mettre dans un coin, elle les plaça tous, et elle-même à côté d'eux, aux pieds de mon père, et lui lança un regard si implorant qu'il ne put résister plus longtemps, et on les laissa rester. À mesure que les chatons grandissaient , ils devenaient de plus en plus espiègles, envahissant les rideaux, jouant sur la table à écrire et courant derrière les étagères des livres. Mais on ne s'est jamais plaint d'eux et ils ont vécu heureux dans le bureau jusqu'à ce que le moment soit venu de leur trouver un autre logement. On gardait un de ces chatons qui, comme il était assez sourd, resta anonyme et fut connu par les domestiques comme « le chat du maître », en raison de son dévouement envers mon père. Il était toujours avec lui et le suivait dans le jardin comme un chien et s'asseyait avec lui pendant qu'il écrivait. Un soir, nous allions tous à un bal, sauf mon père, et quand nous commençâmes, nous laissâmes ensemble « le maître » et son chat dans le salon. « Le maître » lisait devant une petite table sur laquelle était posée une bougie allumée. Soudain, la bougie s'est éteinte. Mon père, très intéressé par son livre, ralluma la bougie, caressa le chat qui le regardait pathétiquement, remarqua-t-il, et continua sa lecture. Quelques minutes plus tard, alors que la lumière devenait faible, il leva les yeux juste à temps pour voir le chat éteindre délibérément la bougie avec sa patte, puis il regarda vers lui d'un air suppliant. Ce deuxième indice sans équivoque n'a pas été ignoré, et le chat a reçu les caresses dont il avait envie. Père était plein de cette anecdote lorsque tous se retrouvèrent au petit-déjeuner le lendemain matin.

Parmi nos chiens se trouvaient « Turk » et « Linda », le premier un beau dogue et le second un Saint-Bernard aux yeux doux, doux et de bonne humeur. "Mme. Videur", une Poméranienne, est venue ensuite, une petite boule de fourrure blanche et pelucheuse, qui m'a été offerte en cadeau spécial et qui a rapidement gagné par sa grâce et sa délicatesse l'affection de tous les membres de la maison. Mon père devint son esclave spécial et avait pour elle une voix particulière – comme il l'avait pour nous, lorsque nous étions enfants – à laquelle elle répondait immédiatement en courant vers lui de n'importe quelle partie de la maison lorsqu'elle entendait son appel. Il était ravi de la voir avec les grands chiens, avec lesquels elle se donnait de grands airs, « parce que », comme il disait, « elle a l'air si ridiculement petite ».

Quelques années plus tard, vinrent « Don », un Terre-Neuve, puis « Bumble », son fils, nommé d'après le bedeau d'« Oliver Twist », en raison de « sa manière particulièrement pompeuse et autoritaire de paraître monter la garde dans la cour lorsqu'il était un véritable bébé. Enfin vint « Sultan », un limier irlandais, qui eut une expérience amère de sa vie à « Gad's Hill ». Un soir, après avoir brisé sa chaîne, il tomba sur une petite fille qui passait et la mordit si fort que mon père crut nécessaire de le faire fusiller, bien que cette décision lui coûtât beaucoup de chagrin.

Pendant une courte période, j'ai eu la garde d'un bâtard appelé « Gipsy ». Elle n'était autorisée à entrer dans aucune des pièces familiales et passait son temps allongée avec contentement sur le tapis à l'extérieur du salon. Un après-midi, un ami est venu de Chatham, emmenant avec lui un merveilleux caniche qui avait été spécialement invité à exécuter tous ses tours pour le plus grand plaisir de mon père. A son arrivée, « Mme. Videur » devint furieuse, et quand il commença ses tours, elle entra délibérément dans le hall et escorta « Gipsy » dans le salon, au point de dire : « Je ne peux pas supporter ça. Si l'on veut faire grand cas des chiens étrangers, il est certain que les chiens de la maison peuvent au moins être autorisés à entrer dans la pièce. Elle ne regardait pas « Fosco », le caniche, mais restait assise tout au long de sa représentation, lui tournant le dos, image d'une dignité offensée. Cependant, aussitôt qu'il fut presque sorti de la maison, et pas avant, elle reconduisit « Gipsy » jusqu'à son tapis. Mon père était extrêmement amusé par le comportement de « Bouncer » et ravi de raconter cette histoire à son sujet.

"Mme. Bouncer" a été honorée par de nombreux messages de son maître lors de ses absences de la maison. En voici un écrit alors que j'étais en convalescence d'une maladie grave : « Dans mon esprit, je vois 'Mme. Videur', avec encore quelques traces d'inquiétude sur son visage fidèle, se balançant un peu inégalement sur ses pattes antérieures, dressant les oreilles la tête de côté et ouvrant légèrement ses narines intellectuelles. Je lui envoie mon devoir d'amour et de respect. Encore une fois : « Pensez à mon rêve de « Mme ». Videur, chaque soir !!!"

L'amour de mon père pour les chiens l'a amené à nouer une étrange amitié lors de notre séjour à Boulogne. Il y avait dans une maison située dans la rue qui menait de notre maison à la ville, un cordonnier qui s'asseyait à sa fenêtre et travaillait toute la journée avec son chien, un Poméranien, sur la table à côté de lui. Le cordonnier, auquel mon père s'intéressait beaucoup en raison de l'intelligence de son compagnon de Poméranie, tomba malade et fut incapable de travailler pendant plusieurs mois. Mon père écrit : « Le cordonnier est malade depuis plusieurs mois. Le petit chien est assis à la porte, si mécontent et si désireux d'aider que je m'attends chaque jour à le voir commencer une paire de bottes. Une autre fois, mon père écrit en racontant l'histoire de ce petit animal : « Un cordonnier de Boulogne, qui avait le plus gentil des petits chiens, toujours assis à sa fenêtre ensoleillée et le regardant travailler, m'a demandé si je ramènerais le chien à la maison pendant qu'il ne pouvait pas se permettre de payer l'impôt à sa place. Le cordonnier et le chien étant tous deux mes amis particuliers, j'obéis. Le cordonnier s'est séparé du chien le cœur brisé. Quand le chien est rentré ici, mon homme, comme un idiot, l'a attaché puis l'a détaché. Dès l'ouverture du portail, le chien (le lendemain même de son arrivée) s'est enfui. Le lendemain, Gueorgui et moi le vîmes mort, couvert de boue, devant l'église voisine. Comment puis-je le dire au cordonnier ? Il est trop pauvre pour venir en Angleterre, alors je sens que je dois lui mentir toute ma vie et dire que le chien est gros et heureux.

Nous possédons peu de chevaux et de poneys durant notre enfance, et ceux-ci n'étaient pas d'une race très choisie. Je me souviens cependant d'un joli poney qui nous a fait plaisir, et de ce cher vieux « Toby », le bon cheval robuste que nous avons utilisé pendant de nombreuses années à « Gad's Hill ». Mon père, cependant, aimait beaucoup les chevaux, et je me souviens l'avoir entendu commenter le fait étrange qu'un animal « si noble dans ses qualités devrait être la cause de tant de méchancetés ».

* * * * *

Au
Poméranien de Miss Dickens. « MME. VIDEUR."

Velue, paresseuse, chaude et lumineuse,
Pipi depuis sa frange blanche, Elle cligne des yeux et dort
jour et nuit,

Un Spitz heureux !

Elle n'a pas à craindre le bâton cruel,
elle n'a pas non plus appris un seul tour : elle daigne
simplement lécher la main de sa maîtresse,

Pendant qu'elle tricote.

Elle mange, boit et mange encore.
Elle ne sort jamais sous le vent ni sous la pluie. Elle fait de
nombreux voyages en train.

Et elle l'admet.

Elle a ses propres charmes coquets,
Ne connaît ni chagrins, ni alarmes, Et somnole dans les
bras de sa maîtresse.

Un Spitz endormi.

Comme ses pieds sont petits et piquants -
la sœur de Ben Allen les avait aussi soignés - Elle a l'air si
impertinente qu'on pourrait battre

Elle est en crise.

Assez ravissantes lorsqu'elles sont soignées et propres,
Ses voitures semblent tapissées de crinoline : Elle dirige la
maison, une reine hautaine,

Un Spitz impertinent !

Tolère juste les câlins fréquents —
 Sommeil toute la journée sur le tapis, complaisant,
philosophique — confortable,

Ses pattes ressemblent à des mites.

Au dîner, ah ! cette agréable Babel !
Touchez sa patte sous la table, elle vous mordrait le pied,
si elle en était capable...

Un méchant Spitz.

Pour retrouver sa maîtresse comme elle volait !
Fidèle à l'étape à venir, elle savait que les autres soient
aussi courageux et vrais -

Seigneurs ou esprits !

Lorsque la flotte
DU SULTAN , DU TURC et DE LINDA , le Maître bien-aimé

perdu se précipitait à sa rencontre,
Sa voix aimable saluait toujours

Le petit Spitz !

Hélas! si poilue, chaude et blanche,
De ce monde froid elle a pris son envol, Plus sur un tapis,
au coin du feu lumineux,

Cher VIDEUR est assis.

PERCY FITZGERALD .

CHAPITRE V.

Intérêt pour les oiseaux de Londres. — Notre oiseau de compagnie « Dick ». — Dévotion de ses chiens. — Décision de visiter l'Amérique. — Son arrivée à New York. — Commentaires sur les courtoisies américaines. — Adieu les apparitions publiques.

L'affection chaleureuse qui était si caractéristique de mon père envers les gens s'adressait également, comme je l'ai déjà dit, aux animaux et aux oiseaux. Quelques autres anecdotes me viennent à l'esprit, et j'ai osé les raconter ici, avant de raconter sa visite en Amérique, ses lectures et la triste histoire, pour moi, de sa dernière apparition publique.

L'observation rapide et amusante de mon père sur les oiseaux de Londres et leurs habitudes, ainsi que sur leur penchant pour la « basse compagnie », est pleine de charme et de bizarrerie surannée. Il écrit : « Que quelque chose né d'un œuf et doté d'ailes soit parvenu à sauter avec contentement du bas d'une échelle jusqu'à une cave et appelle cela rentrer chez lui, est une circonstance si étonnante qu'elle ne laisse rien de plus dans cette situation. connexion à émerveiller. Je connais un petit garçon, originaire d'une bonne famille de Dorking, qui emmène toute sa compagnie de femmes en file indienne à la porte du rayon des cruches d'une taverne désordonnée près de Haymarket, les manœuvre entre les jambes de la compagnie et en ressort avec à l'entrée des bouteilles, se couchant rarement en saison avant deux heures du matin. Et c'est ainsi qu'il passe sa vie. Mais la famille que je connais le mieux réside dans la partie la plus dense de Bethnal Green. Leur abstraction des objets dans lesquels ils vivent, ou plutôt leur conviction que ces objets sont tous nés dans la soumission expresse aux oiseaux, m'a tellement enchanté que j'en ai fait le sujet de nombreux voyages à diverses heures. Après avoir soigneusement observé les deux seigneurs et les dix dames qui composent cette famille, je suis arrivé à la conclusion que leurs opinions sont représentées par le principal seigneur et la principale dame, cette dernière, à mon avis, étant un personnage âgé, affligé de un manque de plume et une visibilité de plume qui lui donne l'apparence d'un paquet de stylos de bureau. Ils considèrent les vieilles chaussures, les épaves de bouilloires, les casseroles et les fragments de bonnets comme une sorte de décharge fulgurante que les oiseaux picorent. La lumière du gaz leur est tout aussi naturelle que n'importe quelle autre lumière ; et j'ai plus que le soupçon que, dans l'esprit des deux seigneurs, le premier pub du coin a remplacé le soleil. Ils commencent toujours à chanter quand les volets du cabaret commencent à être baissés, et ils saluent le garçon de pot dès qu'il paraît accomplir ce devoir, comme s'il était Phœbus en personne.

Au cours d'une de ses promenades dans les bidonvilles, mon père était tellement fasciné par l'intelligence d'un chardonneret occupé à puiser de l'eau dans sa cage - il avait aussi d'autres réalisations - qu'il est entré et l'a acheté. Mais le petit oiseau ne ferait rien, ne ferait pas un tour lorsqu'il arriverait dans sa nouvelle maison de Doughty Street, et il ne puiserait de l'eau que dans l'obscurité ou lorsqu'il pensait que personne ne le regardait. « Après un intervalle d'attentes futiles et finalement désespérées, écrit mon père, on fit appel au marchand qui l'avait éduqué. Le marchand était un personnage aux jambes arquées, au nez plat et coussiné, comme la dernière fraise nouvelle. Il portait une casquette de fourrure et un short, et était de la race veloursine. Il a fait dire qu'il « regarderait autour de lui ». Il regarda autour de lui, apparut sur le seuil de la chambre et leva légèrement son mauvais œil vers le chardonneret. Instantanément, une soif rageuse assaillit l'oiseau, et lorsqu'elle fut apaisée, il puisa encore plusieurs seaux d'eau inutiles, sautant autour du perchoir et aiguisant son bec avec une satisfaction irrépressible.

Un été, alors que j'étais à Broadstairs, notre baigneuse, qui élevait des oiseaux, a offert un canari à ma sœur et à moi-même. « Dick », qui n'avait que quelques semaines lorsqu'il est arrivé chez nous, est devenu un véritable roi des oiseaux et est devenu avec le temps un membre des plus importants de la maison. De son vivant, une guerre acharnée a été menée contre les chats et, écrivant de Boulogne, mon père décrit très drôlement nos problèmes avec la race féline : « La guerre fait rage contre deux chats particulièrement tigres et craintifs (du moulin, je suppose), qui sont toujours en train de regarder dans les coins sombres après notre merveilleux petit « Dick ». En gardant la maison ouverte de tous côtés, il est impossible de les exclure, et ils se cachent de la manière la plus effrayante, se pendant derrière des draperies comme des chauves-souris, et dégringolant au milieu de la nuit avec des miaulements effrayants. Alors French, le valet de pied, emprunte un fusil, le charge jusqu'au canon, le décharge deux fois en vain, et se jette avec le recul exactement comme un clown. Mais finalement, alors que j'étais en ville, il vise le chat le plus aimable des deux et abat cet animal. Insupportablement exalté par cette victoire, il est désormais occupé du matin au soir à se cacher derrière les buissons pour viser l'autre. Il ne fait rien d'autre. Tous les garçons l'encouragent et guettent l'ennemi, à l'apparition duquel ils donnent l'alarme, qui sert immédiatement d'avertissement à la créature qui s'enfuit. Eux, les garçons, sont en ce moment (prêts habillés pour l'église) tous couchés sur le ventre dans diverses parties du jardin. J'ai peur de sortir, de peur d'être abattu. M. Plornish dit ses prières la nuit à voix basse, de peur que le chat ne l'entende et ne s'offusque. Les commerçants crient en remontant l'avenue : « *Me Voici ! C'est Moi ... boulanger ... me tirez pas , Monsieur Frenche* !' C'est comme vivre en état de siège, et la manière merveilleuse dont le chat conserve le caractère d'être le seul à ne pas être trop gêné par l'intensité de cette monomanie est des plus ridicules. Le plus beau, c'est qu'immédiatement après avoir entendu le noble chasseur la lancer dans le jardin devant elle, je regarde par la porte de ma chambre dans le salon et je suis presque sûr de la voir entrer après l'oiseau, dans le plus calme. manière possible, par la fenêtre arrière. Mais aucun mal n'est jamais arrivé à « notre merveilleux petit « Dick », qui a vécu jusqu'à un âge avancé – seize ans – et a été enterré sous un rosier à « Gad's Hill ».

À son retour de sa dernière visite en Amérique, il écrivit un charmant récit de son accueil par les chiens de « Gad's Hill ». « Lorsque vous me posez des questions sur les chiens, je commence par eux. Quand je suis descendu pour la première fois, je suis arrivé à Gravesend, à huit kilomètres de là. Les deux chiens de Terre-Neuve venant à ma rencontre avec la voiture habituelle et le chauffeur habituel, et me voyant arriver dans ma tenue habituelle à la porte habituelle, je fus frappé par le fait que leur souvenir de mon absence pour une heure inhabituelle était immédiatement effacé. . Ils se comportaient (ce sont tous deux de jeunes chiens) exactement à leur manière habituelle, se plaçant derrière le phaéton panier pendant que nous trottions et levant la tête pour se faire tirer les oreilles, attention particulière qu'ils ne recevaient de personne d'autre. Mais quand je suis entré dans la cour des écuries, « Linda » était très excitée ; pleurant abondamment et se jetant sur le dos pour caresser mon pied avec ses grandes pattes de devant. Le petit chien de Mamie aussi, 'Mrs. Videur », a aboyé dans la plus grande agitation après avoir été appelé et a demandé : « Qui est-ce ? m'a déchiré, comme le chien des esquisses de Faust.

Mon père avait apporté avec lui, au retour de sa première visite en Amérique, un petit épagneul hirsute de La Havane, qui lui avait été offert et qu'il avait baptisé « Timber Doodle ». Il écrit à son sujet : « Le petit chien s'améliore rapidement et saute maintenant par-dessus mon bâton au mot d'ordre. » « Timber » voyageait avec nous dans tous nos voyages à l'étranger, et tandis qu'à Albaro, le pauvre petit garçon fit une expérience des plus malheureuses : une rencontre d'une certaine durée avec une invasion de puces. Père écrit : « 'Timber' a eu tous les poils de son corps coupés à cause des puces, et il ressemble au fantôme d'un chien noyé sortant d'un étang après environ une semaine. C'est très horrible de le voir entrer dans une pièce. Il connaît le changement qui se produit et se retourne toujours pour se chercher. Je pense qu'il mourra de chagrin ; il faut espérer que les cheveux repousseront.

Pendant de nombreuses années, les lectures publiques de mon père ont constitué une partie importante de sa vie, et dans leur exécution et leur préparation, il a investi la meilleure énergie de son cœur et de son âme, pratiquant et répétant à tout moment et en tout lieu. La prairie près de notre maison était un endroit favori, et les passants dans la ruelle, ne sachant pas qui il était ni ce qu'il faisait, devaient le prendre pour un fou à cause de ses récits et de ses gesticulations. Le grand succès de ces lectures a conduit à de nombreuses offres alléchantes de la part des États-Unis, qui, au fil du temps, et nous avons réalisé à quel point la fatigue des lectures ainsi que ses autres travaux sapaient ses forces, nous nous sommes fermement opposés à son intention. Cependant, après de longues discussions et délibérations, il m'écrivit le 28 septembre 1867 : « Comme je l'ai télégraphié après vous avoir vu, je pars consulter ensemble M. Forster et Dolby. Vous saurez soit lundi, soit par le courrier de Londres de lundi, comment je prendrai finalement ma décision. Trois jours plus tard : « Vous aurez reçu mon télégramme disant que je pars en Amérique. Après une longue discussion avec Forster et une réflexion sur ce qui doit être dit des deux côtés, j'ai décidé d'aller jusqu'au bout et j'ai télégraphié "oui" à Boston.» Au début, il fut question de mon accompagnement, mais lorsque le programme du voyage fut soumis à mon père et qu'il comprit combien de temps il fallait consacrer aux affaires et combien peu, voire presque aucun temps, ne pouvait être consacré aux visites touristiques, cette idée a été abandonnée.

Un banquet d'adieu lui fut offert à Londres le 2 novembre et le 9 il partit. Un grand nombre d'entre nous sont allés à Liverpool pour le voir naviguer et, le cœur lourd, pour lui dire adieu. A cette époque, un voyage en Amérique était une affaire sérieuse, et nous sentions dans notre cœur qu'il était sur le point de mettre à rude épreuve sa santé et ses forces. Et c'est ce qu'il a fait.

Peu après son arrivée aux États-Unis, mon père attrapa un grave rhume qui ne le quitta plus pendant son séjour et qui lui causa le plus grand ennui. Je vais vous citer quelques citations de ses lettres pour montrer avec quel courage il luttait contre son mal et avec quelle tension il poursuivait son œuvre. A son arrivée à New York le jour de Noël, en réponse à une de mes lettres qui l'attendait là-bas, il écrivit : « Je désirais beaucoup votre lettre, car j'avais un rhume affreux (les rhumes anglais ne sont rien à côté de ceux de ce pays) et était très misérable. Il ajoute à cette lettre, un jour ou deux plus tard : « J'ai réussi à lire hier soir mais c'était tout ce que je pouvais faire. Aujourd'hui, je me sens si mal que j'ai fait venir un médecin. Il écrit encore : « Il arrive aussi, et ce n'est pas rare, que je sois tellement abattu quand je sors de la scène, qu'on m'allonge sur un canapé après m'avoir lavé et habillé, et je reste là extrêmement évanoui pendant un quart d'heure. d'une heure. À ce moment-là, je me mobilise et je prends raison. Encore une fois : « L'après-midi de mon anniversaire, mon catarrhe était dans un tel état que Charles Sumner, arrivant à cinq heures et me trouvant couvert de cataplasmes de moutarde et apparemment sans voix, se tourna vers Dolby et dit : « Sûrement, M. Dolby, il est impossible qu'il puisse lire ce soir. Dolby déclare : « Monsieur, je l'ai dit à M. Dickens quatre fois aujourd'hui et j'ai été très inquiet. Mais vous n'imaginez pas à quel point il changera lorsqu'il arrivera à la petite table. Après cinq minutes de petite table, je n'étais, pour l'instant, même pas enroué. L'expérience fréquente de ce retour de force quand on le demande m'épargne bien des inquiétudes, mais je ne suis pas parfois sans la crainte nerveuse de pouvoir un jour sombrer complètement.

Mais comme récompense pour son don de soi sans faille, le merveilleux succès de sa tournée, la fierté et la joie qu'il ressentait dans l'enthousiasme qui l'accueillait partout, l'affection personnelle qui lui était prodiguée et les nombreux amis chers qu'il se faisait. Il écrit de Boston, *à propos* de ces récompenses : « Lorsque nous sommes arrivés ici samedi soir dernier, nous avons découvert que Mme Fields avait non seulement décoré la pièce de fleurs, mais aussi de houx (avec de vraies baies rouges) et de festons de mousse dépendants. des miroirs et des cadres. L'ambiance chaleureuse de Noël du lieu nous a beaucoup touchés.

Plus tard, de Washington : « Je n'ai pas pu m'empêcher de rire de moi-même le jour de mon anniversaire ici ; cela a été observé autant que si j'étais un petit garçon. Des fleurs et des guirlandes des plus exquises, disposées en toutes sortes de paniers verts, fleurissaient dans la pièce ; des lettres rayonnantes de bons vœux affluaient. Aussi, par des mains inconnues, la salle était décorée la nuit ; et après "Boots at the Holly Tree Inn", le public s'est levé, des gens formidables et tout le monde, debout et applaudissant jusqu'à ce que je retourne à la table et leur fasse un petit discours.

Il écrivait constamment à sa famille, lui donnant fréquemment des commandes pour des améliorations à « Gad's Hill », à réaliser avant son retour. Il fut très impressionné lors de sa deuxième visite, comme lors de sa première, je m'en souviens, par la beauté des femmes américaines. « Les dames sont remarquablement belles », écrit-il.

À l'automne 1869, il commença une série de lectures d'adieu, qui furent une nouvelle fois une lourde épreuve pour sa santé et sa force. Au cours de sa tournée à cette époque, il écrit à M. Forster après l'apparition de symptômes plutôt alarmants : « J'ai dit à Beard, un an après l'accident de Staplehurst, que j'étais certain que mon cœur avait palpité et que j'avais besoin d'un peu d'aide. C'est ce que le stéthoscope a confirmé ; et compte tenu de l'immense effort que je subis et des secousses constantes des trains express, le cas me semble tout à fait intelligible. Ne dites rien dans le sens de « Gad » sur le fait que je suis un peu de mauvaise humeur. J'ai abordé la question, bien entendu, mais avec beaucoup de légèreté.

Mais même un tel avertissement ne lui fit pas comprendre à quel point sa force était moindre, et avec un courage et un esprit indomptables, il poursuivit sa tournée. Le mal aux pieds s'accrut et ses souffrances furent très grandes. Il fut un temps nécessaire pour lui d'avoir un médecin à ses côtés à chaque lecture. Mais malgré sa persévérance, il tomba si malade qu'il fallut arrêter les lectures.

CHAPITRE VI.

Derniers mots prononcés en public.—Un accident de chemin de fer en 1865.—Dans sa maison après sa visite aux États-Unis.—«Améliorations» à «Gad's Hill».—De nouveau à «Gad's Hill».—Les derniers jours de sa vie.— Enterrement. à Westminster.

Mon père a donné sa dernière lecture au St. James' Hall, à Londres, le 15 mars. Le programme comprenait « The Christmas Carol » et le « Trial » de « Pickwick ». La salle était remplie d'un public immense, et il fut accueilli avec toute la chaleur qu'inspirait l'affection personnelle ressentie pour le lecteur. Nous étions tous très inquiets pour lui, craignant que l'excitation et l'émotion qui devaient accompagner ses adieux publics n'aient un mauvais effet sur lui. Mais cela n'a eu aucun résultat immédiat, en tout cas, à notre grand soulagement.

Je ne pense pas que mon père ait jamais été — et c'est beaucoup dire — plus beau ni plus habile à lire que lors de sa dernière apparition. M. Forster écrit : « Le charme de sa lecture était à son comble lorsqu'il ferma le volume de « Pickwick » et parla en sa propre personne. Il dit que depuis quinze ans il lisait ses propres livres à un public dont la reconnaissance sensible et bienveillante lui avait donné une instruction et un plaisir dans son art que peu d'hommes auraient pu avoir ; mais qu'il jugeait néanmoins bon maintenant de se retirer dans des associations plus anciennes et de se consacrer désormais exclusivement au métier qui l'avait d'abord fait connaître. « Dans seulement deux semaines, j'espère que vous pourrez commencer chez vous une nouvelle série de lectures, au cours desquelles mon aide sera indispensable ; mais de ces lumières criardes, je disparais maintenant, pour toujours, avec un adieu sincère, reconnaissant, respectueux et affectueux.

Il y eut un silence de mort tandis que mon père se détournait, très ému ; puis vint du public un éclat et un tumulte d'acclamations et d'applaudissements presque insupportables, mêlés d'amour et d'affection personnels pour l'homme devant eux. Il revint avec nous tous à « Gad's Hill », très heureux et plein d'espoir, grâce à l'amélioration temporaire que lui apportaient le repos et la paix de sa maison, et il s'installa dans son nouveau livre, « Edwin Drood », avec un plaisir et un intérêt accrus. .

Ses dernières apparitions publiques remontent au mois d'avril. Le 5, il prit place au dîner des marchands de journaux. Le 30, il rendit ses remerciements pour la « Littérature » lors du banquet de la Royal Academy. Dans ce discours, il faisait allusion à la mort de son vieil ami, M. Daniel Maclise, en concluant ainsi : « Aucun artiste, de quelque confession que ce soit, j'ose le dire, ne s'est jamais reposé en laissant un souvenir doré plus pur des scories, ou s'être consacré avec une chevalerie plus vraie à la déesse de l'art qu'il adorait. Ces paroles, avec leur son ancien, vrai et affectueux, furent les dernières prononcées par mon père en public.

Vers 1865, la santé de mon cher père commença à se détériorer ; une affection particulière du pied, qui lui causait souvent les plus grandes souffrances et angoisses, apparaissait à cette époque. Sa véritable cause, le surmenage, n'était soupçonnée ni par ses médecins ni par lui-même, sa vitalité semblant ne pas pouvoir s'épuiser ; mais, bien qu'il fût si actif et plein d'énergie, il ne fut jamais vraiment fort et comprit bientôt qu'il devait s'adonner davantage à de véritables loisirs. Il m'a écrit de France à cette époque : « Avant de partir, je m'étais certainement mis dans un état endommagé. Mais dès que je suis parti, j'ai commencé, Dieu merci, à me rétablir. J'espère profiter de cette expérience et pouvoir effectuer de futurs sprints depuis mon bureau avant d'en avoir besoin.

C'est alors qu'il rentrait chez lui après ce voyage qu'il fut victime du terrible accident de chemin de fer dont il fit ensuite référence dans une lettre à un ami, disant que son cœur n'avait jamais été en bon état après cet accident. Cela s'est produit le 9 juin, date qui, cinq ans plus tard, était le jour de sa mort.

Il a écrit décrivant ses expériences : « J'étais dans la seule voiture qui ne se jetait pas dans le ruisseau. Il fut rattrapé dans le virage par une partie des ruines du pont et resta suspendu et équilibré d'une manière apparemment impossible. Deux dames étaient mes compagnes de voyage, une vieille et une jeune. C'est exactement ce qui s'est passé, vous pouvez en juger de la durée de notre suspense : tout à coup, nous avons déraillé et heurté le sol comme le ferait le wagon d'un ballon à moitié vide. La vieille dame a crié : « Mon Dieu ! et le jeune a crié. Je les ai attrapés tous les deux (la vieille dame était assise en face et la jeune à ma gauche) et je leur ai dit : « Nous n'y pouvons rien, mais nous pouvons être tranquilles et posés. Priez, ne criez pas ! La vieille dame répondit aussitôt : « Merci, comptez sur moi. Sur mon âme, je serai tranquille. Nous fûmes alors tous renversés ensemble dans un coin de la voiture, qui s'arrêta alors. Je leur dis alors : « Vous pouvez être sûrs que rien de pire ne peut arriver ; notre danger doit être passé. Vas-tu rester ici sans bouger pendant que je sors par la fenêtre ? Ils ont tous deux répondu « Oui » d'un ton plutôt posé, et je suis sorti sans la moindre idée de ce qui s'était passé. Heureusement, je descendis avec beaucoup de prudence et me plaçai sur la marche. En baissant les yeux, j'ai vu le pont disparu et rien en dessous de moi à part la voie ferrée. Certaines personnes dans les deux autres compartiments essayaient follement de se jeter par une fenêtre et n'avaient aucune idée qu'il y avait un champ marécageux à quinze pieds en dessous d'eux, et rien d'autre. Les deux gardes (dont l'un avait le visage coupé) couraient de long en large sur la voie descendante du pont (qui n'était pas démoli) de manière assez sauvage. Je leur ai crié : « Regardez-moi ! Arrêtez-vous un instant, regardez-moi et dites-moi si vous ne me connaissez pas ?

L'un d'eux répondit : « Nous vous connaissons très bien, M. Dickens. « Alors, dis-je, mon bon ami, pour l'amour de Dieu, donnez-moi votre clé et envoyez un de ces ouvriers ici, et je viderai cette voiture. Nous l'avons fait en toute sécurité, au moyen d'une planche ou deux, et quand ce fut fait, j'ai vu tout le reste du train, à l'exception des deux fourgons à bagages, en aval du ruisseau. Je remontai dans la voiture pour prendre ma flasque de cognac, ôtai mon chapeau de voyage en guise de bassine, descendis la maçonnerie et remplis mon chapeau d'eau. Soudain, je tombai sur un homme chancelant, couvert de sang (je crois qu'il avait dû être jeté hors de sa voiture), avec une coupure si effroyable au crâne que je ne pouvais supporter de le regarder. Je lui ai versé de l'eau sur le visage, je lui ai donné à boire, puis je lui ai donné de l'eau-de-vie et je l'ai allongé sur l'herbe.

Il a dit «Je suis parti» et est mort après. Puis je suis tombé sur une dame allongée sur le dos contre un petit arbre têtard, avec le sang coulant sur son visage (qui était couleur plomb) en plusieurs petits ruisseaux distincts depuis la tête. Je lui ai demandé si elle pouvait avaler un peu de cognac, elle a simplement hoché la tête, je lui en ai donné et je l'ai laissée pour quelqu'un d'autre. La prochaine fois que je l'ai croisé, elle était morte. Alors un homme interrogé hier lors de l'enquête (qui n'avait évidemment pas le moindre souvenir de ce qui s'était réellement passé) est venu en courant vers moi et m'a supplié de l'aider à retrouver sa femme, qui a ensuite été retrouvée morte. Aucune imagination ne peut concevoir la ruine des voitures, ni les poids extraordinaires sous lesquels les gens gisaient, ni les complications dans lesquelles ils étaient enroulés entre le fer et le bois, la boue et l'eau. Je reste très silencieux ici.

Cette lettre a été écrite depuis « Gad's Hill » quatre jours après l'accident. Nous n'avons eu aucune inquiétude au sujet de notre père, car nous n'avons entendu parler de l'accident qu'après avoir été avec lui à Londres. Avec son soin et sa prévenance habituels, il avait télégraphié à son ami M. Wills pour nous appeler en ville pour le rencontrer. La lettre continue : « J'ai, je ne sais comment l'appeler, une présence d'esprit constitutionnelle (je suppose), et je n'étais pas du tout agitée à l'époque. Je me suis immédiatement rappelé que j'avais la SEP. d'un numéro avec moi, et je remontai dans la voiture pour le récupérer. Mais en écrivant ces maigres mots de souvenir, je ressens un tremblement et je suis obligé de m'arrêter.

Nous avons appris, par la suite, à quel point il avait été utile à l'époque, en s'occupant des mourants ! Avec quelle calme et tendresse il prenait soin de ceux qui souffraient autour de lui !

Mais il ne s'est jamais complètement remis du choc. Plus d'un an plus tard, il écrit : « Il est remarquable que ma montre (un chronomètre spécial) n'ait jamais fonctionné tout à fait correctement depuis, et jusqu'à ce jour, il m'arrive parfois, sur un chemin de fer et dans un fiacre, ou n'importe quelle sorte de transmission, pendant quelques secondes, d'un vague sentiment d'effroi que je n'ai aucun pouvoir de contrôler. Cela vient et passe, mais je ne peux pas l'empêcher de venir.

J'ai souvent vu cette frayeur s'emparer de lui, et à une occasion, dont je me souviens particulièrement, alors que nous étions en route de Londres vers notre petite gare de campagne « Higham », où la voiture devait nous accueillir, mon père a soudainement saisi le bras du siège du wagon, tandis que son visage devenait pâle et cendré, et de grosses gouttes de sueur coulaient sur son front, et bien qu'il s'efforçait de maîtriser la peur, elle était si forte qu'il dut descendre du train à la gare suivante. L'accident avait laissé son empreinte dans la mémoire, et elle ne devait jamais s'effacer. Les heures passées sur les chemins de fer furent par la suite souvent des heures de souffrance pour lui. Je m'en suis souvent rendu compte en voyageant avec lui, et aucune assurance ne pouvait dissiper ce sentiment.

Au début du mois de mai 1868, nous l'avons ramené sain et sauf parmi nous, grandement renforcé et revigoré par son voyage de retour en mer, et je pense qu'il n'a jamais été aussi heureux à « Gad's Hill » qu'au cours de ses deux dernières années là-bas.

Pendant ce temps, il reçut une succession d'invités, et aucun ne fut plus honoré ni plus chaleureusement accueilli que ses amis américains. Le premier à venir, si je me souviens bien, fut M. Longfellow et ses filles. Mon père écrit en décrivant un pique-nique qu'il leur a offert ; « J'ai amené quelques postillons dans la vieille veste rouge du vieux Royal Red pour notre balade, et c'était comme une balade de vacances en Angleterre il y a cinquante ans. Bien sûr, nous sommes allés voir les vieilles maisons de Rochester, la vieille cathédrale, le vieux château et la maison des six pauvres voyageurs.

« Rien ne peut surpasser le respect rendu à Longfellow ici, depuis la reine jusqu'en bas. Il est partout reçu et courtisé, et trouve que les ouvriers connaissent au moins aussi bien ses livres que les classes socialement au-dessus d'elles.

Entre les allées et venues des visiteurs, il y avait des soirées délicieusement tranquilles à la maison, passées l'été sous notre joli porche, ou à se promener dans le jardin, jusqu'à « l'heure du plateau », dix heures. Quand arrivaient les nuits plus fraîches, nous avions de la musique dans le salon, et c'est mon bonheur maintenant de me rappeler combien de soirs j'ai joué et chanté toutes ses chansons et airs préférés à mon père au cours de ces derniers hivers pendant qu'il écoutait pendant qu'il fumait. ou lire, ou, de sa manière plus habituelle, faire les cent pas dans la pièce. Je ne l'ai jamais vu plus paisiblement content qu'à ces moments-là.

Il y avait toujours des « améliorations » – comme mon père appelait ses modifications – à « Gad's Hill », et chaque amélioration était censée être la dernière. À mesure que chacun était terminé, ma sœur – qui était toujours une visiteuse constante et une personne particulièrement chère à mon père – devait descendre et inspecter, et à mesure que chacun était exposé, mon père lui disait très solennellement : « Maintenant, Katie, tu vois la dernière et dernière réalisation de tes parents. Ces « dernières améliorations » sont devenues une véritable plaisanterie entre eux. Je me souviens si bien, à une de ces occasions, après que les murs et les portes du salon eurent été tapissés de miroirs, du discours riant de ma sœur au « maître » : « Je crois papa, que quand tu deviendras un ange, tes ailes disparaîtront. sois fait de miroir et de ta couronne de géraniums écarlates.

Et là, je voudrais corriger une erreur me concernant. On parle de moi comme de la « fille préférée » de mon père. S'il avait une fille préférée — et j'espère et crois que l'une lui était aussi chère que l'autre — ma chère sœur devait revendiquer cet honneur. Je dis cela sans réticence, car au cours de ces deux dernières années, mon père et moi semblâmes être devenus plus étroitement unis, et je sais quelle était profonde l'intimité affectueuse au moment de sa mort.

La « dernière amélioration » – en fait la toute dernière – fut la construction d'une véranda entre le salon et la salle à manger. Mon père était plus ravi de cette modification que de toute autre modification précédente, et c'était certainement un joli ajout à la vieille villa pittoresque. Le châlet, qu'il utilisait également en été comme bureau, était également un autre endroit préféré de sa « Colline de Gad » préférée.

Dans les premiers mois de 1870, nous déménagâmes à Londres, car mon père avait décidé d'y donner douze lectures d'adieu. Il avait l'approbation de feu Sir Thomas Watson pour cette entreprise, à condition qu'il n'y ait aucun voyage ferroviaire à cet égard. Pendant que nous étions à Londres, il fit de nombreux engagements privés, principalement, je le sais, pour mon compte, car je devais être présenté ce printemps-là.

Lors de cette dernière visite à Londres, mon père n'était cependant pas dans sa santé habituelle et se fatiguait si vite et si facilement qu'un grand nombre de nos engagements durent être annulés. Il dînait très rarement au restaurant, et je me souviens que la dernière fois qu'il a assisté à un très grand dîner, l'effort était trop pour lui, et avant que ces messieurs ne reviennent au salon, il m'a envoyé un message me priant de venir le voir. lui dit aussitôt qu'il souffrait trop pour monter les escaliers. Personne qui l'avait observé tout au long du dîner, voyant son visage brillant et animé et écoutant sa conversation joyeuse, n'aurait pu imaginer qu'il souffrait d'une douleur aiguë.

Il était de nouveau à « Gad's Hill » le 30 mai, et bientôt il travaillait dur sur « Edwin Drood ». Bien qu'heureux et satisfait, il y avait chez lui une apparence de fatigue et de lassitude très différente de son air habituel de nouvelle activité. Il était sorti avec les chiens pour la dernière fois dans l'après-midi du 6 juin, lorsqu'il se rendit à Rochester pour le « Daily Mail ». Ma sœur, venue voir les dernières « améliorations », nous rendait visite et devait m'emmener avec elle à Londres à son retour, pour une courte visite. La véranda – l'« amélioration » que Katie avait été chargée d'inspecter – avait été remplie, et à ce moment-là, de nombreuses plantes étaient en pleine floraison. Tout était à son meilleur et je me souviens très bien du plaisir de mon père à montrer à ma sœur les beautés de son « perfectionnement ».

Nous avions eu un temps très beau et, par conséquent, les plantes extérieures étaient merveilleusement en fleurs, les géraniums rouges préférés de mon père faisant un éclat de couleurs dans le jardin de devant. Les buissons de syringa remplissaient l'air du soir de leur parfum le plus doux tandis que nous étions assis sous le porche et nous promenions dans le jardin en ce dernier dimanche de la vie de notre cher père. Ma tante et moi nous retirâmes tôt et ma chère sœur resta longtemps assise avec mon père pendant qu'il lui parlait avec le plus grand sérieux de ses affaires.

Comme je l'ai déjà dit, mon père avait une telle aversion pour les adieux qu'il évitait toujours, lorsque cela était possible, de lui dire adieu, et nous, les enfants, connaissant cette aversion, nous avions l'habitude seulement d'agiter nos mains ou de lui donner un baiser silencieux lorsque séparation. Mais ce lundi matin, le septième, au moment où nous allions partir pour Londres, ma sœur dit tout à coup : « Je *dois* dire au revoir à papa », et se précipita vers le châlet où il écrivait activement. En règle générale, quand il était si occupé, mon père levait sa joue pour qu'on l'embrasse, mais ce jour-là, il a pris ma sœur dans ses bras en disant : « Que Dieu te bénisse, Katie », et là, « parmi les branches des arbres ». , parmi les oiseaux et les papillons et le parfum des fleurs », elle le quitta pour ne plus jamais le regarder dans les yeux.

Dans l'après-midi, se sentant fatigué et peu enclin à beaucoup marcher, il conduisit avec ma tante jusqu'à Cobham. Là, il descendit de la voiture et rentra chez lui à travers le parc. Après le dîner, il resta assis dans la salle à manger, toute la soirée, car de cette pièce il pouvait voir l'effet de quelques lanternes chinoises allumées, qu'il avait accrochées dans la véranda pendant la journée, et il parla à ma tante de son grand amour. pour « Gad's Hill », son souhait que son nom soit davantage associé au lieu et son désir d'être enterré à proximité de celui-ci.

Le 8 au matin, il était d'excellente humeur, parlant de son livre, auquel il comptait travailler toute la journée et auquel il s'intéressait le plus intensément. Il passa une matinée bien remplie dans le châlet, et c'est probablement à ce moment-là qu'il écrivit cette description de Rochester, qui nous toucha le cœur lorsque nous la lisâmes pour la première fois après la mort de son écrivain : « Un matin brillant brille sur la vieille ville. Ses antiquités et ses ruines sont d'une beauté incomparable avec le lierre vigoureux qui brille au soleil et les riches arbres ondulant dans l'air doux. Les changements de lumière glorieuse des branches en mouvement, les chants des oiseaux, les parfums des jardins, des bois et des champs, ou plutôt du seul grand jardin de toute l'île cultivée au cours de sa période de cession, pénètrent dans la cathédrale, domptent son odeur terrestre et prêchent. la Résurrection et la Vie.

Il revint à la maison pour le déjeuner, apparemment en parfaite santé et extrêmement joyeux et plein d'espoir. Il fuma un cigare dans sa véranda bien-aimée et retourna au châlet. Lorsqu'il revint à la maison, environ une heure avant l'heure fixée pour un dîner matinal, il était fatigué, silencieux et distrait, mais comme c'était une humeur très habituelle pour lui après une journée de travail passionnant, cela ne provoqua ni l'inquiétude ni l'inquiétude. surprise pour ma tante, qui se trouvait être le seul membre de la famille à la maison. En attendant le dîner, il écrivit quelques lettres dans la bibliothèque et arrangea quelques affaires insignifiantes, en vue de son départ pour Londres le lendemain matin.

Ce n'est que lorsqu'ils furent assis à table qu'un changement frappant dans la couleur et l'expression de son visage surprit ma tante. Lorsqu'elle lui demanda s'il était malade, il répondit : « Oui, très malade ; J'ai été très malade depuis une heure. Mais quand elle lui dit qu'elle enverrait chercher un médecin, il l'arrêta en lui disant qu'il continuerait à dîner, puis à Londres.

Il fit un effort sérieux pour lutter contre la crise qui l'envahissait rapidement et continua à parler, mais de manière incohérente et très indistincte. Comme il était maintenant évident qu'il était dans un état grave, ma tante l'a supplié d'aller dans sa chambre avant d'envoyer chercher de l'aide médicale. «Viens t'allonger», supplia-t-elle. « Oui, sur le terrain », répondit-il indistinctement. Ce furent les derniers mots qu'il prononça. Pendant qu'il parlait, il tomba au sol. Un canapé fut apporté dans la salle à manger, sur lequel il fut déposé, un messager fut envoyé pour le médecin local, des télégrammes furent envoyés à nous tous ainsi qu'à M. Beard. C'était quelques minutes après six heures. Je dînais dans une maison à peu de distance de celle de ma sœur. Le dîner était à moitié terminé lorsque j'ai reçu un message indiquant qu'elle souhaitait me parler. Je l'ai trouvée dans le couloir avec une tenue de rechange pour moi et un taxi qui m'attendait. Rapidement, je changeai de robe et nous commençâmes le court voyage qui nous conduisit à notre maison si tristement transformée. Notre chère tante nous attendait à la porte ouverte, et quand j'ai vu son visage, je crois que le dernier espoir est mort en moi.

Toute la nuit, nous l'avons observé, ma sœur d'un côté du canapé, ma tante de l'autre, et moi, gardant des briques chaudes aux pieds que rien ne pouvait réchauffer, espérant et priant pour qu'il puisse ouvrir les yeux et nous regarder, et reconnaissez-nous encore une fois. Mais il n'a jamais bougé, n'a jamais ouvert les yeux, n'a jamais montré le moindre signe de conscience pendant toute la longue nuit. Dans l'après-midi du 9, le célèbre médecin londonien, le Dr Russell Reynolds (récemment décédé), fut convoqué à une consultation par les deux médecins présents, mais il ne put que confirmer leur verdict désespéré. Plus tard, dans la soirée de ce jour, à six heures dix minutes, nous avons vu un frisson passer sur notre cher père, il a poussé un profond soupir, une grosse larme a coulé sur son visage et à cet instant son esprit nous a quittés. Alors que nous voyions l'ombre sombre disparaître de son visage, le laissant si calme et si beau dans la paix et la majesté de la mort, je pense qu'aucun d'entre nous n'aurait souhaité, si nous en avions eu le pouvoir, rappeler son esprit à Terre.

Je me suis fait un devoir de garder le corps bien-aimé tant qu'il nous était laissé. La chambre dans laquelle mon cher père reposa pour la dernière fois était lumineuse de ces belles fleurs fraîches, si abondantes à cette époque de l'année, et que nos bons voisins nous envoyaient si souvent. Les oiseaux chantaient partout et le soleil d'été brillait brillamment.

> "Et qu'il n'y ait pas de tristesse d'adieu
> quand je m'embarque. Car même si, hors de notre borne
> de temps et de lieu, le flot peut m'emporter loin, j'espère
> voir mon pilote face à face quand j'aurai franchi la barre.'

Ces vers exquis de Lord Tennyson semblent si appropriés à mon père, à sa peur des adieux, à sa foi grande et simple, que j'ai osé les citer ici.

Le lendemain de sa mort, nous avons reçu une très aimable visite de Sir John Millais, puis de M. Millais, RA et de M. Woolner, RA. Sir John a fait un magnifique dessin au crayon de mon père et M. Woolner a pris un moulage de son visage. tête, à partir de laquelle il modela ensuite un buste. Le dessin appartient à ma sœur et est l'un de ses plus grands trésors. C'est, comme tous les dessins de Sir John, des plus délicats et raffinés, et une ressemblance absolument fidèle à l'apparence de mon père mort.

Vous vous souvenez que lorsqu'il décrivait les illustrations du lit de mort de la petite Nell, il écrivait : « Je veux qu'il exprime le plus beau repos et la plus belle tranquillité, et qu'il ait un air quelque peu heureux, si la mort le peut. » C'était sûrement ce qu'exprimait son lit de mort : un bonheur et un repos infinis.

Comme mon père avait exprimé le souhait d'être enterré dans le petit cimetière tranquille de Shorne, des dispositions furent prises pour que l'inhumation ait lieu là-bas. Cette intention fut cependant abandonnée à la suite d'une demande du doyen et du chapitre de la cathédrale de Rochester que ses ossements puissent y reposer. Une tombe fut préparée et tout fut arrangé lorsqu'il nous fut fait savoir, par l'intermédiaire du doyen Stanley, qu'il existait un désir général et très sincère qu'il trouve sa dernière demeure dans l'abbaye de Westminster. Nous ne pouvions faire aucune objection à un tel hommage à la mémoire de notre cher père, même si c'est avec beaucoup de regret que nous avons renoncé au projet de le déposer dans un endroit si étroitement identifié à sa vie et à son œuvre.

La seule stipulation qui a été faite à propos de l'inhumation à l'abbaye de Westminster était que la clause de son testament qui disait : « J'ordonne avec insistance que je sois enterré de manière peu coûteuse, sans ostentation et strictement privée » devait être strictement respectée. comme c'était.

Le 14 juin à midi, quelques amis et nous-mêmes avons vu notre bien-aimé reposer dans la grande vieille cathédrale. Notre petit groupe dans ce vaste édifice semblait rendre les belles paroles de notre belle cérémonie funéraire encore plus solennelles et touchantes que d'habitude. Plus tard dans la journée, et pendant plusieurs jours suivants, des centaines de personnes en deuil se sont rassemblées vers la tombe ouverte et ont rempli la voûte profonde de fleurs. Et même après sa fermeture, Dean Stanley a écrit : « Il y avait une pression constante sur cet endroit et de nombreuses fleurs y étaient répandues par des mains inconnues, de nombreuses larmes coulaient par des yeux inconnus. »

Et chaque année, le 9 juin et le jour de Noël, nous trouvons d'autres fleurs répandues par d'autres mains inconnues dans ce lieu si sacré pour nous, comme pour tous ceux qui l'ont connu et aimé. Et chaque année, de belles feuilles aux couleurs vives nous sont envoyées d'outre-Atlantique, pour être déposées avec nos propres fleurs sur cette chère tombe ; et voilà vingt-six ans que mon père est mort !

Et pour son épitaphe quoi de mieux que les propres mots de mon père :

> « De la tête aimée, vénérée et honorée, tu ne peux pas tourner un cheveu à ton redoutable dessein, ni rendre un trait odieux. Ce n'est pas que la main soit lourde et qu'elle tombera une fois relâchée ; ce n'est pas que le cœur et le pouls soient immobiles ; mais que la main était ouverte, généreuse et vraie, le cœur courageux, chaleureux et tendre, et le pouls d'un homme. Grève! ombre, frappe ! et voir ses

bonnes actions jaillir de la blessure, pour semer dans le
monde une vie immortelle.

LA FIN .

Notes de bas de page :

[15] Quand j'écris sur ma tante, ou « Tante », comme j'ai sans doute souvent l'occasion de le faire, il s'agit de la tante *par excellence* , Georgina Hogarth. Elle a été pour moi depuis que je me souviens de quoi que ce soit, et pour nous tous, la plus fidèle, la meilleure et la plus chère amie, compagne et conseillère. Pour citer les propres mots de mon père : « Le meilleur et le plus fidèle ami que l'homme ait jamais eu. »